Irene Johns

Zeit alleine heilt nicht

HERDER / SPEKTRUM

Band 4216

Das Buch

Über sexuelle Kindesmißhandlung gibt es immer noch allzu viele Vorurteile, Vermutungen und Unsicherheiten. Wie kann es dazu kommen, daß ein Kind sexuell mißhandelt wird? Was können wir tun, um unsere Kinder gegen Übergriffe zu schützen? Die Autorinnen und Autoren dieses Buches haben eine langjährige Erfahrung in der Arbeit mit mißhandelten Kindern und ihren Familien. Sie machen deutlich, wo wir ansetzen müssen, um wirklich zu helfen: Wie kann ich zum Beispiel mit Kindern über die Gefahr einer sexuellen Mißhandlung sprechen, ohne sie zu verunsichern? Wie kann eine sinnvolle Therapie aussehen, wenn ein Kind sexuell mißhandelt worden ist? Wie kann man mit dem Mißhandler oder der Mißhandlerin umgehen, so daß das Kind am wirkungsvollsten geschützt ist? Denn schließlich ist es so, daß das Kind ja durchaus auch positive Gefühle dem Mißhandler gegenüber haben kann, vor allem wenn es ein Familienmitglied ist. Dies sind Fragen, die oft ausgeblendet werden. Antworten und praktische Hilfen sind aber wichtig, wenn Eltern und Erziehende über eine kurzzeitige Betroffenheit hinaus wirksam schützen und etwas ändern wollen.

Die Herausgeberin

Irene Johns, geb. 1952, Diplom-Pädagogin und Transaktionsanalytikerin. Sie ist seit mehr als zehn Jahren in der Therapie mit mißhandelten und vernachlässigten Kindern und ihren Familien tätig. Sie ist seit 1990 Leiterin des Kinderschutz-Zentrums Kiel. Bei Herder/Spektrum: Nachwort in Gunda Schneider, Noch immer weint das Kind in mir. Eine Geschichte von Mißbrauch, Gewalt und neuer Hoffnung (Band 4097).

Irene Johns

Zeit alleine heilt nicht

Sexuelle Kindesmißhandlung – wie wir schützen und helfen können

Herder
Freiburg · Basel · Wien

Originalausgabe

Herstellung: Freiburger Graphische Betriebe
Umschlaggestaltung: Joseph Pölzelbauer
Umschlagmotiv: Edward R. Downe jr., Girl and Doll, 1969
ISBN 3-451-04216-9

Inhalt

Sexuelle Mißhandlung an Kindern – nur ein Modethema?

Irene Johns

Es ist Montagmorgen. Im Kinderschutz-Zentrum läutet das Telefon. Der Anrufer ist Redakteur eines Fernsehsenders: „Wir wollen eine Sendung über sexuelle Kindesmißhandlung machen – am Mittwoch. Wir brauchen noch ein Opfer und einen Täter – am liebsten einen geläuterten Täter."

Anfragen dieser Art sind keine Seltenheit. In der Regel werden sie zwar vorsichtiger formuliert, aber es geht doch meist um das gleiche Ziel. Mediengestalter wollen Mißhandelte filmen, befragen und ablichten – am liebsten Kinder. Sexuelle Kindesmißhandlung ist von den Medien als Thema erkannt, das die Seele des Menschen zutiefst erschüttert – und die Einschaltquoten oder die Auflagen von Zeitungen erhöht. Die meisten Darstellungen und Berichterstattungen gehen über Klischeevorstellungen nicht hinaus. Auf diese Weise wird verhindert, daß der Zuschauer einen Bezug zu sich selbst und seiner eigenen Realität herstellen kann. Sexuelle Kindesmißhandlung wird zu einem Problem, mit dem wir persönlich nichts zu tun haben. Es sind „die anderen", die anderen Eltern, die andere Familie, die andere Gesellschaftsschicht (Johns/Mohr 1993). Als Zuschauer oder Leser sind wir betroffen und empört. Unsere Empörung hilft uns zu verdrängen, daß sexuelle Kindesmißhandlung auch in unserer Gesellschaftsschicht oder unserer Berufsgruppe geschieht – schlimmstenfalls auch dort, wo wir arbeiten oder in unserer Familie.

Der Umgang mit dem Thema in der Öffentlichkeit erweckt zunächst den Eindruck, es sei heute nicht mehr tabu, über sexuelle Kindesmißhandlung zu sprechen. Dieses stimmt – soweit es die Klischees betrifft mit der Einteilung in Täter und Opfer, gut und böse. Die Situation sexuell mißhandelter Kinder und ihrer Familien ist jedoch viel komplizierter und vielfältiger. (Vgl. den Beitrag von Marianne Dahm). Es geht um Beziehungen, um Bindungen und es geht meist um sehr widersprüchliche Gefühle: um Ablehnung *und* Zuneigung – auch zwischen dem mißhandelten Kind und dem mißhandelnden Erwachsenen. Der Wunsch, das Problem zu vereinfachen und die Beziehung zu reduzieren auf die Situationen, in denen es zur sexuellen Mißhandlung kommt, ist gerade bei diesem Thema übermächtig. Dahinter mag nicht zuletzt der Grund stehen, eigene Ängste und Hilflosigkeit nicht zu spüren oder eigene Tendenzen, gewalttätig zu werden oder Grenzen anderer nicht zu achten, zu verleugnen. Insofern tragen Medien mit ihrer Berichterstattung diesem Wunsch insgeheim Rechnung. Das Tabu, zu benennen, was sexuelle Kindesmißhandlung wirklich bedeutet, ist weiter aufrecht erhalten.

Nicht nur die Medien haben sexuelle Kindesmißhandlung für sich entdeckt. Während die sexuelle Gewalt gegen Kinder in der Bundesrepublik vor 10 Jahren noch kein Thema war, wird es heute unter dem Motto „Ein Tabu wird gebrochen" für vielerlei Zwecke ge- und mißbraucht. Heftige Auseinandersetzungen werden geführt unter Politikern, Fachleuten und Laien. Es geht um die Durchsetzung strafverschärfender Gesetze, um Ideologienstreits und vieles mehr. Leicht geraten dabei diejenigen aus dem Blick, für die so erregt gestritten, gekämpft und aufgeklärt wird – die Kinder.

Zahlen und Fakten

Ich verzichte darauf, Zahlen über das reale Ausmaß nennen zu wollen. In der Bundesrepublik weist die polizeiliche Kriminalstatistik für 1991 etwa 13000 angezeigte Fälle sexueller Mißhandlung an Kindern aus (BKA-Statistik, Wiesbaden 1992). Da die Dunkelfeldschätzungen sehr auseinandergehen und wissenschaftliche Untersuchungen verschiedene Definitionen sexueller Kindesmißhandlung zugrunde legen, weichen zur Zeit die Angaben über das vermutete Ausmaß in den verschiedenen Veröffentlichungen sehr voneinander ab. Es erscheint mir nicht notwendig, sich an dem „Zauber mit Zahlen" (Rutschky, 1992, 26 ff.) zu beteiligen. Für wichtig halte ich jedoch festzustellen, sexuelle Mißhandlung an Kindern ist kein Schicksal einzelner, sondern ein ernstes umfangreiches Problem unserer Gesellschaft. Sexuelle Mißhandlung kann die Entwicklung eines Kindes in gravierender Weise stören und erhebliche psychische Beeinträchtigungen und Erkrankungen im Kindes- und Jugendalter sowie im späteren Erwachsenenleben zur Folge haben (Stein et al. 1988, Deblinger et al. 1989; Draijer 1990; Fürniss 1990).

Langjährige sexuelle Mißhandlung ist eine der tiefsten Verletzungen, die ein Kind erfahren kann. Das Kind macht die Erfahrung ungeschützt zu sein, hilflos und verwirrt. Wenn in dieser Situation der nicht mißhandelnde Elternteil oder die nicht mißhandelnden Eltern dem Kind keine schützende Beziehung und keine Orientierung anbieten können, wird die Situation für das Kind vollends ausweglos. Um überleben zu können, greift es zu einer Reihe psychischer Auswege, die jedoch letztlich die Basis für eine positive Lebensgestaltung entziehen (Johns 1992), da sie langfristig zu schweren Störungen führen können.

In der Arbeit mit betroffenen Kindern und Erwachsenen haben wir vieles gelernt: Heute gehen wir davon aus, daß bei der Mehrzahl der Kinder die Mißhandlung bereits im Kindergarten- und Grundschulalter beginnt und über mehrere Jahre erfolgt. Selten ist sexuelle Mißhandlung nur ein einmaliger Übergriff. Sie betrifft Kinder jeden Alters, Mädchen und Jungen. Die Mißhandler sind Erwachsene oder Jugendliche. Sie stammen aus allen sozialen Schichten, aus den verschiedensten Berufsgruppen und kommen in der überwiegenden Mehrzahl aus dem direkten Lebensumfeld der betroffenen Kinder. Es sind Väter, Stiefväter, Onkel, Freunde der Familie, aber auch Mütter, Tanten usw. Es wird zur Zeit davon ausgegangen, daß etwa 93% der mißhandelnden Erwachsenen Männer sind und etwa 7% Frauen (Lamers 1992; Teegen et al. 1992).

Was bedeutet sexuelle Mißhandlung an Kindern?

Zunehmend sind Eltern verunsichert darüber, wann eine körperliche Beziehung zum Kind nicht mehr positiv für das Kind ist, sondern ihm eher schadet. Typisch ist die Frage: „Darf ich als Vater mit meiner fünfjährigen Tochter nicht mehr baden?" In die Beurteilung der Frage, wo eine sexuelle Mißhandlung beginnt, gehen ein die Regeln innerhalb der Familie, die Absicht der mißhandelnden Person und die Normen unserer Gesellschaft. Wir sprechen von sexueller Mißhandlung, wenn ein Erwachsener oder ein nicht gleichaltriger Jugendlicher (vgl. den Beitrag von Klaus-Peter David) Kinder an sexuellen Handlungen beteiligt, um sich zu befriedigen. Auch wenn dabei kein körperlicher Kontakt stattfindet, etwa wenn ein Kind gezwungen wird, dem Erwachsenen beim Masturbieren zuzuschauen, handelt es sich um sexuelle Mißhandlung. Ein Kind ist aufgrund seines Entwicklungsstandes und aufgrund des ungleichen Machtverhältnisses nicht in der Lage, sexuellen Handlungen informiert und frei zuzustimmen und dessen körperliche, psychische und soziale Folgen zu übersehen. Häufig besteht bereits eine Beziehung zwischen Kind und Mißhandler, die erst im Laufe der Zeit eine Entwicklung nimmt, in der es zu sexuellen Übergriffen kommt. Die Abhängigkeit des Kindes wird ausgenutzt und sein berechtigter Wunsch nach Anerkennung und Zärtlichkeit in einer nicht angemessenen Weise in sexualisierter gewalttätiger Form beantwortet. Ein zentrales Moment sexueller Mißhandlung ist die Verpflichtung zur Geheimhaltung. Sie verurteilt das Kind zur Sprachlosigkeit und macht es hilflos und orientierungslos.

Möglichkeiten der Hilfe

Es ist nicht zu erwarten, daß Kinder, die Opfer sexueller Mißhandlungen waren oder sind, ihre Mißhandlung direkt ansprechen, zumal sie unter massiven Druck gesetzt werden zu schweigen. Erwachsene müssen daher lernen, zu sehen und zu hören, was Kinder nicht sagen können, und sie können lernen wahrzunehmen, welche Signale Kinder geben (vgl. den Beitrag von Bettina Kiesler). Notwendig zu wissen ist, daß wir viele Signale und Symptome, die auf sexuelle Mißhandlung hinweisen können, auch bei Kindern finden, die in einer schwierigen, konflikthaften Familiensituation leben oder die körperlich mißhandelt oder vernachlässigt werden. Andererseits kommt sexuelle Kindesmißhandlung nicht notwendig isoliert vor, sondern kann in Verbindung mit anderen Kindesmißhandlungen auftreten. Ein Kind, das langjährig sexuell mißhandelt wird, wird häufig auch körperlich oder seelisch mißhandelt oder vernachlässigt. Hilfeangebote müssen dieses berücksichtigen.

Nicht nur für Eltern, Verwandte und Nachbarn, sondern auch für Menschen, die beruflich mit Kindern zu tun haben, ist häufig unklar, wie sie reagieren können, wenn sie vermuten oder wissen, daß ein Kind sexuell mißhandelt wird. Es stellen sich ihnen viele Fragen: Woran erkenne ich, daß ein Kind Hilfe braucht? An wen kann ich mich wenden? Welche Hilfen gibt es für Kinder und ihre Familien? Was passiert bei Gericht? Muß das Kind ärztlich untersucht werden? In den Beiträgen von Matthias Heinsohn-Krug, Sigrid Richter-Unger, Erika Engel und Doris Scharell werden Antworten auf diese Fragen gegeben.

Zu leicht vergessen wir, daß auch Menschen, die beruflich mit Kindern zu tun haben, als Kind sexuell mißhandelt sein können. Wie der Beitrag von Michèle Olivier zeigt, birgt dieses Chancen und Schwierigkeiten in der Arbeit mit den Kindern in sich. In jedem Fall verlangt es eine Auseinandersetzung mit der eigenen Kindheitsgeschichte.

Eine Frage, die von Laien und Fachleuten gleichermaßen immer wieder gestellt wird, möchte ich noch erwähnen: Benötigt ein mißhandeltes Kind in jedem Fall Therapie? „Es ist ein Vorurteil, daß (kleine) Kinder nach der Aufdeckung der sexuellen Mißhandlung keine Therapie oder Beratung brauchen. Es verhält sich normal, sagen die Erwachsenen und sie hoffen, daß das Kind vergessen wird, was geschehen ist." Francien Lamers-Winkelman weist eindringlich darauf hin, daß sexuell mißhandelte Kinder ebenso wie ihre Eltern oder Betreuungspersonen professionelle Betreuung benötigen, um mit der belastenden Situation klarzukommen: Zeit alleine heilt nicht!

Sexuelle Mißhandlung und Behinderung

In der Bundesrepublik Deutschland wird bisher wenig Aufmerksamkeit auf den Bereich der körperlichen, seelischen oder sexuellen Mißhandlung in bezug auf Kinder mit Behinderungen gerichtet. Veröffentlichungen lassen diesen Bereich weitgehend unberührt. Mythen und Vorurteile scheinen zu verhindern, daß wir erkennen und helfen können, wenn ein behindertes Kind sexuell mißbraucht wird. Signale und Symptome, die behinderte Kinder geben, werden vorschnell auf ihre Behinderung zurückgeführt. Diese Einstellung macht ein Erkennen zunächst sehr schwierig. Fachleute aus dem Bereich des Kinderschutzes und der Behindertenarbeit sollten endlich beginnen, sich mit dieser Problematik auseinanderzusetzen und anfangen, Realitäten und Vorurteile zu unterscheiden und voneinander lernen, um zusammenzuarbeiten. In dieser Zusammenarbeit sieht Margaret Kennedy eine Chance für neue Hilfewege. In diesem Sinne appelliere ich an Eltern behinderter Kinder, aber auch an Professionelle aus dem Bereich der Behindertenarbeit und an uns selbst, die wir aus dem Bereich des Kinderschutzes kommen, sich diesem Problem stärker zu widmen. Diese Kinder dürfen nicht vergessen werden.

Möglichkeiten der Prävention

Prävention gegen sexuelle Mißhandlung hieß lange Zeit, Kinder vor dem bösen Mann zu warnen, der ihnen Süßigkeiten schenkt, sie ins Gebüsch zerrt und ihnen Gewalt antut. Viele Eltern und

Professionelle gehen heute nicht mehr von diesem Klischeebild aus. Sie wissen, daß sexuelle Mißhandlung überwiegend im familiären Umfeld geschieht. Aber das macht alles nur noch schwieriger. „Soll ich (m)ein Kind jetzt vor seinem eigenen Vater warnen?" fragen nicht nur Eltern, sondern auch Menschen, die beruflich mit Kindern zu tun haben. Anne Knappe antwortet auf die Fragen und Bedenken, die uns (bisher) abhalten, mit Kindern über sexuelle Kindesmißhandlung zu reden, und sie gibt für ein Gespräch konkrete Hilfestellung.

Ängste und Unsicherheiten im Umgang mit der Problematik waren sicher auch der Motor, Ende der 80er Jahre an unseren Schulen Programme zur Prävention der sexuellen Kindesmißhandlung einführen zu wollen – insbesondere das Child Assault Prevention Project (CAPP), ohne ihre Wirksamkeit und mögliche negative Effekte für Kinder zu hinterfragen (Deutscher Kinderschutzbund 1991). Die propagierten Programme stammen überwiegend aus den USA.

„Wie bei einem Grippevirus, vor dem man sich mit einer Impfung schützen kann, hoffte man, Kinder mit Präventionswissen ‚impfen' zu können", schildert Brunhilde Marquardt-Mau die Situation in den USA. Die Hoffnungen, die in der Bundesrepublik in diese Programme gesetzt werden, scheinen ähnlich überhöht. Es ist eine schwer zu akzeptierende Realität, daß kurzfristige Präventionsmaßnahmen sexuelle Kindesmißhandlung in der Familie nicht werden verhindern können (Johns; Marquardt-Mau 1993). Brunhilde Marquardt-Mau zeigt die Richtung auf, die sinnvolle Präventionsbemühungen in der Grundschule nehmen können.

Doch bevor die Institution Schule sich dieser Aufgabe stellen kann, müssen Lehrer und Lehrerinnen informiert sein über sexuelle Kindesmißhandlung und ihre Möglichkeiten und Grenzen im Hilfeprozeß (vgl. den Beitrag von Claus Nowak).

Trotz aller Bemühungen von seiten der verschiedenen Berufsgruppen kann der Schutz für Kinder nur begrenzt bleiben, wenn Eltern oder andere Sorgeberechtigte des Kindes nicht mitwirken oder beteiligt werden. Christa und Ulrike Marwedel geben viele

Hinweise und Anregungen für das Zusammenleben mit Kindern. Eltern können durch ihre Erziehung und ihr Verhalten dazu beitragen, daß Kinder in ihrer Entwicklung gefördert werden und dadurch besser geschützt sind.

Dies ist nicht mißzuverstehen als Hinweis, daß Eltern und andere Erziehungsberechtigte alle gesellschaftlichen, familiären und individuellen Problemlagen und Faktoren ausgleichen sollten und können, die letztlich dazu führen, daß es zur Gewalt gegen Kinder kommt. Wenn wir heute lesen, daß in der Bundesrepublik etwa 1 Million Kinder von Sozialhilfe leben, daß die körperliche Züchtigung von Kindern nach wie vor als erlaubtes und anerkanntes Erziehungsmittel gilt und daß es für Familien, in denen es zu sexueller, körperlicher oder seelischer Gewalt gegen Kinder gekommen ist, nicht genügend Hilfeangebote gibt, dann wird deutlich: Wir brauchen neben einem persönlichen auch ein politisches Umdenken und politische Entscheidungen, die mehr Alternativen für unseren Umgang und unsere Einstellung zu unseren Kindern möglich machen.

Das Damoklesschwert oder Mißtrauen und Verwirrung

Über die Schwierigkeit, Signale sexuell mißhandelter Kinder zu verstehen

Bettina Kiesler

Sarah war 14 Jahre alt, schlank, fast schmal. Sie trug kurzes schwarzes Haar. Sie wirkte grazil und aufgeweckt. Verglichen mit anderen Gleichaltrigen auf der Station einer kinder- und jugendpsychiatrischen Klinik nahm sie sehr leicht Kontakt auf. Sie schien ein besonderes Maß an Zuwendung zu benötigen. Gern schmiegte sie sich mit ihrem Körper an die sie betreuenden Personen an.

Sarah war das erste Mädchen, das ich als Psychologin betreute, bei der die Vermutung der sexuellen Mißhandlung bestand. Ich war damals Berufsanfängerin und hatte wenig klinische Erfahrung.

Eigentlich wirkte Sarah unauffällig. Der mit der Überweisung ausgesprochene Verdacht der sexuellen Mißhandlung durch den Vater hing jedoch wie ein Damoklesschwert über ihr und dem Schicksal ihrer Familie und drängte nach Aufklärung. Ja und Nein hielten sich in eigentümlicher Weise die Waage. Die Familie wollte und konnte mit dieser Vermutung nicht leben und zeigte gleichzeitig wenig Interesse an weiterer Aufklärung. Ein merkwürdiges System, von dem eine starke Spannung ausging.

Zu Sarahs Aufnahme in die Klinik war die Familie vollständig angereist. Der Vater des Mädchens, selbst in sozial hochgestellter Stellung tätig, riß sogleich in Wut und Zorn das Wort an sich. Er empörte sich über den im Raume stehenden Verdacht und verwahrte sich gegen die damit gegen ihn anklingende Anschuldigung. Er drohte mit Nachdruck, mich als behandelnde Therapeutin verantwortlich zu machen für den Rufmord, den die unverschämte, unbewiesene Unterstellung für ihn bedeute, so sie nicht schnellstens ausgeräumt werde. Er beschuldigte seine Tochter pubertärer Angriffs- und Rachegelüste und sprach von hysterischem Imponiergehabe. Sich selbst beschrieb er als beruflich stark engagiert, weshalb er der Tochter nicht die Aufmerksamkeit schenke, die sie sich vielleicht wünsche. Er sprach davon, immer ein gutes Verhältnis zur Tochter gehabt zu haben und früher ihr ein und alles gewesen zu sein. Er vermutete, daß seine Tochter eifersüchtig sei, da er so viel arbeite und sie vernachlässige. Die Mutter des Mädchens hielt sich zurück. Sie pflichtete den Worten ihres Mannes bei und betonte mehrfach, daß es in ihrer Familie eigentlich nie ernsthafte Probleme gegeben habe. Es gäbe auch jetzt keine Probleme. Sarah schwieg die ganze Zeit mit gesenktem Haupt.

Das Gespräch in dieser Familienrunde führte nicht weiter. Wir teilten Familie und Therapeuten auf. Ein Therapeut sprach mit den Eltern, eine Therapeutin mit dem Mädchen. Das Gespräch mit den Eltern brachte vielfältige Informationen. Die Eltern suchten in der Tatsache, daß Sarah als Kind häufig körperlich erkrankt war (Entzündungen des Gehirns und der Hirnhaut) und in den damit verbundenen Krankenhausaufenthalten Anhaltspunkte für eine möglicherweise bereits früh ansetzende Störung in der Persönlichkeitsentwicklung von Sarah. Phantastische Geschichten habe sie schon als Kind erzählt. Bei ihrem Phantasiereichtum wundere das gar nicht. Vielleicht habe sie aber auch die Trennungen nicht gut verkraftet. Vielleicht sei das Vertrauen schon damals angeknackst gewesen. In der Frage, ob eine sexuelle Mißhandlung vorliege oder nicht, brachten uns diese Informationen nicht weiter. Konkrete Fragen von unserer Seite an die Eltern wurden als mißtrauende Hinterfragung abgewehrt und mit Spannung und Nachdruck weitschweifig und ablenkend nicht beantwortet. Wurde der Vater von uns zu Unrecht verdächtigt, dann war dieses Verhalten vorstellbar. Bestand der Verdacht zu Recht, dann war diese Haltung genauso verständlich. Wir kamen nicht weiter.

Auch das Einzelgespräch mit Sarah brachte mehr Verwirrung

als Klarheit. Nachdem die Eltern das Zimmer verlassen hatten, lockerte das Mädchen sichtlich auf. Sie wurde aufgeschlossener und aktiver. Sarah gab an, daß der Vater sie sexuell mißhandelt habe, weil sie Angst habe, daß er es tun würde. In diesen Widerspruch mischten sich die Vergangenheit und Zukunft. Auf gezielte Fragen gab Sarah keine Antwort. Sie schwieg einfach. Schließlich begann sie mit mir als ihrer Gesprächspartnerin zu spielen, indem sie immer neue Varianten des Hergangs schilderte. Ich hatte den Eindruck, sie wolle meine Reaktionen ausprobieren. Der Vater sei zu ihr ins Bett gekommen. Er habe ihr nur beim Ausziehen zugesehen. Er habe ihre Brust angefaßt. Er habe sie nicht berührt. Er habe es wiederholt. Er habe es nicht getan, da sie sich gewehrt habe. Sie habe sich nicht wehren können. Alles sei erfunden und alles stimme wirklich ...

Ich versuchte, genau auf die Worte zu hören, die sie sprach und verstand doch nichts. Ihre Aussagen widersprachen sich. Die Angaben waren ungenau, verschwommen. Zeitpunkte und Geschehnisse nur vage, nicht nachvollziehbar. Ich wollte dem Mädchen glauben, wußte aber nicht wie. Ich vermißte die innere Logik. Was mich zusätzlich verunsicherte, ihr Gesichts- und Gefühlsausdruck schien zu dem, was sie sagte, nicht zu passen. Andererseits hatte sie ausreichend Bewußtsein für die Realität, so daß ich ein schwerwiegendes psychiatrisches Krankheitsgeschehen (Psychose) ausschließen konnte. Es war vielmehr eine eigenartige Mischung aus aufgesetzt wirkendem Entsetzen, heimlichem Stolz und hilfesuchendem Lächeln, mit dem sie schilderte, wie der Vater sie bedroht und verletzt habe, wobei sie mir eine Narbe am Bein kokett zuwandte. Nach meiner wiederholten Versicherung, ich wolle ihr helfen, war ich einigermaßen überrascht über ihre unklaren Reaktionen. Ich versuchte ihr zu folgen. Sarah entwickelte zwei Verhaltensmöglicheiten für sich. Entweder auspacken oder schlukken, was sie schon ertragen würde. Sie habe schon früher daran gedacht, sich umzubringen. Dies sei inzwischen die sinnloseste Variante. Sarah äußerte Haß und Wut auf Mutter und Vater. Gleichzeitig sorgte sie sich um ihre Eltern und hatte Angst, daß sie sich scheiden lassen würden. Sie wolle sie lieber doch nicht „in die Pfanne hauen". Sarah betonte, niemandem zu vertrauen und nannte im gleichen Augenblick ihre Ballettlehrerin als einzige Vertraute.

Von der Ballettlehrerin erfuhr ich später, daß Sarah in der Ballettstunde oft niedergeschlagen gewirkt habe und isoliert war. Zu den Jungen der Klasse hatte sie wenig Kontakt. Einmal habe Sarah der Lehrerin berichtet, sie sei schwanger. Nachfragen sei sie ausgewichen. 14 Tage später sei alles vergessen gewesen. Sarah spreche oft sehr leise und trage manche Dinge in eigenartiger Weise vor. Sie erscheine ihr nicht aufrichtig. Die Lehrerin schien zwischen fürsorglicher Anteilnahme und distanziertem Mißtrauen hin- und herzuschwanken. Nach dem Verhalten der Eltern befragt, berichtet die Lehrerin, der Vater setze sich stark für seine Tochter ein, wenn er meine, daß sie in der Ballettschule ungerecht behandelt werde. Das sei bei der Mutter nie der Fall.

Ich stellte fest, daß alle Erwachsenen, die mit Sarah zu tun hatten, die Glaubwürdigkeit der Vierzehnjährigen bezweifelten. Ich war verwirrt. In meinem Kopf spielte ich beide Annahmen durch. Entweder das Mädchen wurde vom Vater sexuell mißhandelt oder sie wollte ihren Eltern kräftig eins auswischen. Wie sollte ich dieses aber herausfinden? Traute ich ihren Worten? Und welchen Worten sollte ich trauen? Traute sie mir? War Kontrolle vielleicht besser als Vertrauen? Ich begann Tests mit ihr durchzuführen und überprüfte ihr Konzentrationsvermögen, ihren Intellekt, ihr Kurzzeit- und Langzeitgedächtnis, um auszuschließen, daß die widersprüchlichen ungenauen Angaben hier ihre Ursache hatten. Ich stellte fest, sie war ganz normal und altersgerecht entwickelt. Auch die übrige Testdiagnostik brachte keine neuen Aufschlüsse. Ich nahm das Mädchen ins Kreuzverhör, fragte vor und zurück, notierte Antworten, verglich wiederholte Darstellungsvarianten und konnte nichts klären und ableiten, was mir einen Schluß erlaubt hätte. Ich hörte auf, sie zu testen. Auf dieser Ebene kam ich nicht weiter.

Und wie stand es um die Beziehungsebene? Von ihr kamen immer wiederkehrend flehende Hilfegesuche. Bitte helfen Sie mir, glauben Sie mir. Sie müssen mich retten. Manchmal stand sie dabei auf und nahm Körperkontakt mit mir auf, indem sie mich kurzzeitig umklammerte und schelmisch lächelte. Was, wenn sie mich an der Nase herumführte? Von der Mutter wußte ich, daß sich Sarah besonders zu erwachsenen Frauen hingezogen fühlte und zahlreiche Nachmittage mit ihrer Lehrerin verbrachte. Von ihrem heimlichen Wunsch nach Adoption durch diese Lehrerin hatte Sarah mir selbst erzählt. War dieses auch ein „Racheakt" an den Eltern oder ein stummer Hilfeschrei?

Da die Vermutung der sexuellen Mißhandlung im Raum stand, hatte ich den Kontakt nach zu Hause zwischen ihrer Familie und ihr zunächst unterbunden, was von allen Familienmitgliedern akzeptiert wurde. Später drängte die Familie einstimmig auf ein gemeinsames Probewochenende zu Hause. Dieses wurde von allen als sehr positiv geschildert. Bald mehrten sich die Wünsche von Sarah, aus der Klinik entlassen zu werden. Sie wechselten mit Gefühlen von Angst und Unsicherheit. Schließlich entließen wir Sarah auf ihren ausdrücklichen Wunsch hin und im Einvernehmen mit den Eltern. Wir boten an, jederzeit zu einer Fortsetzung der Behandlung zur Verfügung zu stehen. Dieses Angebot war für Sarah ein ganz wesentliches Moment, dessen sie sich mehrfach rückversicherte.

Die Frage der sexuellen Kindesmißhandlung blieb offen und unentschieden. Pro und Contra wurden hauptsächlich genährt durch die schwankenden und gegensätzlichen Angaben der Jugendlichen, die im Augenblick ernsthafter, schamhaft bedrückter Äußerung umspringen konnten in eine schelmisch kokette, spielerische Schilderung oder aber im Hinweis auf Wut und Aufbegehren gegen die Eltern als erdacht vollkommen zurückgenommen werden konnten.

Ein Jahr später erfuhr ich, daß sich der ursprüngliche Verdacht bestätigt hatte und der Vater von Sarah sich vor Gericht verantworten mußte. Ich war überrascht von dieser Nachricht, verblüfft und erschrocken. Ich dachte noch einmal an die verschlüsselten

Ausdrucksformen und Signale, die das Mädchen benötigte, um aus einem verstrickten familiären System heraus zu kommunizieren, ohne es zu verlassen. Um diese schwierige, komplizierte, konfliktreiche Aufgabe zu bewerkstelligen, bedurfte sie verschiedener Gesichter, Sprachen und Rollen. Diese zu deuten und zu verstehen konnten einen Außenstehenden – in diesem Falle auch mich – verwirren. Das Mädchen hatte keine andere Wahl. Vertrauensbeziehungen aufzubauen hatte sie in ihrem familiären Bezugssystem nicht gelernt. Diese beiden Aspekte halte ich bei meinem heutigen Erfahrungs- und Wissensstand für zwei wesentliche Punkte im Umgang mit Betroffenen sexueller Mißhandlung. Es bedarf m. E. eines Vertrauensvorschusses und umfangreicher Kenntnis und Erfahrung der spezifischen Verhaltens- und Persönlichkeitsbesonderheiten sexuell mißhandelter Kinder und Jugendlicher, damit charakteristischerweise widersprüchliche Signale nicht mißverstanden und Betroffene nicht in leidvoller Isolation ohne ausreichende Hilfe alleingelassen werden.

Bei diesem lange Zeit tabuisierten und häufig ausgegrenzten Thema erscheinen Aufklärung, Öffentlichkeit und Erfahrungsaustausch der Helfer als grundlegend und entscheidend dafür, betroffene Kinder schützen und ihre Signale verstehen zu können, so widersprüchlich sie auch erscheinen mögen.

„Bruchstein“ – ein Theaterstück über sexuelle Kindesmißhandlung

Anmerkungen aus der Sicht der Schauspieler/-innen

Christine Passow und Sebastian Faust

Christine Passow, Schauspielerin:

Die erste Probenwoche: Improvisationen, die uns als Spielende in unsere eigene Kindheit zurückversetzen. Das Beschäftigen mit den eigenen Nöten steht an. Aufruhr im Innern. Ich erlebe die eigene Ohnmacht, wenn ich in Rollenspielen die Kinderposition einnehme. Hilflosigkeit gegenüber den Erwachsenen. Angewiesensein auf ihr Wohlwollen. Benutzen sie mich als Kind oder fördern sie mich? Sind sie selbst hilflos? Benutzen sie mich gegen den Ehepartner oder als Mittel, um sich selbst eine Daseinsberechtigung zu geben?
Bei diesen Improvisationen frage ich mich nach dem Beginn von Mißbrauch in jeglicher Form. Wann fängt es an?
Das zweite Stadium der Proben ist der Beginn der Arbeit am Stück selbst. Sara als Kind. Was mich beim Proben in meiner Rolle überrascht, ist meine Beziehung zu meinem „Vater“. Ich empfinde ein Gefühl von tiefer Liebe zu ihm – er gibt mir alle Aufmerksamkeit und Liebe und Zeit, die ich mir wünsche. Meine Lebensenergie.
Und nimmt von mir etwas anderes, Dunkles, Böses, das ich nicht einzuschätzen weiß, das mir wahnsinnige Angst macht. Ich weiß, es tut mir nicht gut, er tut nicht recht. Ich hasse ihn, wenn er so zu mir ist. Ich liebe ihn für alles andere. Er sagt, es sei gut so. Ich fühle anders. Er sagt, ich darf es nicht Mami erzählen. Aber Vater und Mutter darf ich doch alles sagen!? Ich glaube nichts mehr. Ihm nicht, meiner Mutter nicht, mir nicht, meiner Schwester noch ein bißchen. Ich weiß nicht mehr, was wahr ist.

Das dritte Stadium der Arbeit führt mich in Saras Pubertät.

Nichts ist mehr direkt. Das Vertrauen in alle, die mich umgeben, ist erloschen. Ich vertraue ihnen nicht, ich hasse sie und hasse mich.

Ich bin so einsam, wie ich es mir nicht vorstellen kann. Ich weiß nicht mal mehr, ob es mich gibt. Nur den schlechten Teil von mir, der sich nicht befreien kann und sich selbst schuldig spricht.

Die Pubertierende zu spielen bringt ungeahnte Schwierigkeiten mit sich. Als Kind habe ich mein Ekelgefühl, meine Wut direkt und deutlich sichtbar machen können. Als nun schon Jahre mißbrauchtes Mädchen geht das nicht mehr. Aus lauter Angst, falsch oder unnatürlich zu reagieren, werde ich als Schauspielerin leise und sehr unsicher.

Sebastian Faust, Schauspieler

Mißbrauch – ein widerliches Thema.

Wer unbedarft und unschuldig an dieses Thema rangeht, hat mit Übelkeitsanfällen zu kämpfen. Nie hatte ich in meiner Umgebung den Kontakt zu mißbrauchten Kindern oder ihren Mißbrauchern. Und nun soll ich einen mißbrauchenden Vater spielen.

Es gibt zum Glück keinerlei Erlebnisse in meiner Kindheit, die ich in Bezug auf dieses Thema zu verarbeiten hätte, so daß ich mich voll auf die Rollenfindung konzentrieren kann. Der Vater, den ich spiele, hat durchaus seine sympathischen Seiten, er ist ein nach außen hin umgänglicher Mensch. Er soll kein Klischee verkörpern, in das man ihn hineinpressen kann. Niemand soll sagen können, er sei typisch asozial, reicher Snob, Arbeiter, Angestellter, Beamter, Brillenträger oder Schuhverkäufer.
Er soll ein Jedermann sein, damit sich jeder Mann angesprochen fühlen kann.

Während der Probenarbeit war und ist die Atmosphäre unter den Schauspielern sehr wichtig für mich. Es hätte mich bei den Proben sehr behindert, wenn man die Rolle, die ich verkörpere, auf mich persönlich übertragen würde. Denn ich habe keinerlei Probleme damit, Mann zu sein und vielleicht kann ich deshalb – hoffentlich – diese Rolle überzeugend spielen.

Ich bin hier im Stück kein Anwalt für Männer und kein Ankläger, aber auch kein Opfer. Ich bin der nette Nachbar, der seine Kinder nie schlagen oder mißbrauchen würde, der nie jemandem etwas zuleide tun könnte.
Der, von dem man immer so gut spricht.

Sexuelle Kindesmißhandlung in der Familie

Marianne Dahm

Sexuelle Kindesmißhandlung in Familien ist ein sehr vielschichtiges Phänomen. Häufig verführt die Brisanz des Problems Menschen dazu, sich aufzuregen und zu empören: Dies betrifft Laien und Fachleute gleichermaßen. Das verhindert auch, daß sie die Realität der sexuellen Mißhandlung deutlich sehen und sich angemessen damit auseinandersetzen können.

In Familien, in denen es zu langjähriger sexueller Kindesmißhandlung kommt, finden wir häufig ähnliche Merkmale. Der folgende Bericht über Karin und ihre Familie beschreibt, wie sich die Familienmitglieder miteinander verhalten und wie es zur Mißhandlung kommen konnte. Ich greife hier zwar die Geschichte eines Mädchens und seiner Familie auf. Von sexueller Mißhandlung sind jedoch nicht nur, wie im Fall von Karin, Mädchen sondern auch Jungen betroffen.

Die Familienbeziehungen

Karin ist neun Jahre alt, als sie von der Mutter zum Kinderschutz-Zentrum gebracht wird. Sie wirkt lieb und angepaßt. Für ihr Alter ist sie zu dick, ihr üppiger Körper zeigt schon Ansätze von Brüsten. Ihr Verhalten wechselt manchmal blitzschnell zwischen Koketterie und kleinkindhaftem Gekichere. Karin ist ein Wunschkind des Vaters. Die Eltern leben eine konfliktreiche Beziehung. Sie ist geprägt durch die intellektuelle und leistungsorientierte Dominanz der Mutter auf der einen Seite und dem eher schwachen und gefühlvollen Vater auf der anderen Seite. Nach außen demonstriert der Vater als selbständiger Kaufmann Autorität und Strebsamkeit. Er beginnt Karin sexuell zu mißhandeln, als sie fünf Jahre alt ist. Dies geschieht zu einem Zeitpunkt, als die Mutter halbtags als Angestellte zu arbeiten beginnt. Die Eltern haben sich den Erwerb eines Eigenheimes als Lebensziel gesteckt. Karin fällt in der Grundschule durch Träumereien und starke Zurückgezogenheit auf. Sie schließt keine Freundschaften mit anderen Kindern. Im Beratungsgespräch berichtet die Mutter, daß Karin häufig verspätet von der Schule nach Hause kommt. Sie denkt sich dabei aber nichts, weil Karin ein selbständiges Mädchen sei und sie doch nach der anstrengenden Schule auch ihre Freiheit zum Spielen haben solle. Die Mutter knüpft die Hoffnung daran, daß Karin auf diese Weise doch noch zu Freundschaften käme.

Karin erlebt eine pseudopartnerschaftliche Beziehung zu ihrem Vater. Zugleich aber ist sie abhängig von der elterlichen Zuwendung und Sorge. Wie Eltern diese Fürsorge wahrnehmen können, ist bedeutsam für eine gelungene kindliche Entwicklung und Reifung zu einer psychisch gesunden und handlungsfähigen Erwachsenenpersönlichkeit.

Üblicherweise wissen alle Familienmitglieder, welche Rollen und Aufgaben sie im Familienverband auszufüllen haben. Die Eltern sorgen für die materielle Basis der Familie. Sie kümmern sich um ihre Kinder und erziehen sie. Sie stellen Regeln auf für das Familienleben und bestimmen, was gelernt werden soll. Vater und Mutter leben vor, wie Menschen miteinander umzugehen haben. Kinder vertrauen darauf, daß die Eltern schon wissen, was *richtig* ist und daß sie ihre Bedürfnisse nach Liebe und Anerkennung erfüllen. Sie sehen Eltern als Vorbilder an und lieben sie zunächst unvoreingenommen.

In Familien, in denen es zu langjähriger sexueller Kindesmißhandlung kommt, sind übliche Familienregeln teilweise außer Kraft gesetzt. Die Beziehungen untereinander sind schwierig. Das Familiengefüge, auf der einen Seite die Eltern und auf der anderen die Kinder, ist erheblich durcheinander geraten. Es gibt bestimmte Merkmale und Verhaltensweisen, die typisch für Familien sind, in denen es zu langjähriger sexueller Mißhandlung gekommen ist (Larson 1986, Fürniss 1990), dabei ist es unerheblich, aus welcher Schicht diese Familien stammen (Saller 1987). In der Regel können folgende Familienmerkmale und Verhaltensweisen vorgefunden werden:

- Ehe- und Partnerkonflikte der Eltern, die von ihnen nicht geklärt werden können;
- soziale Isolation der Familie;
- große Abhängigkeit der Familienmitglieder voneinander: es besteht der Glaube, daß Bedürfnisse nach Anerkennung, Nähe und Zuneigung nur innerhalb der Familie erfüllt werden können;
- die Generationen, Elternebene und Kinderebene, und damit die Rollenverteilungen sind teilweise vertauscht (der Vater hat die Erwartungen an Karin, eine Erwachsenenrolle zu übernehmen und seine sexuellen Bedürfnisse zu befriedigen);
- über bestimmte Themen kann nicht gesprochen werden (über Sexualität wird nicht geredet, aber sie geschieht).

Karins Eltern hatten sich durch ihre Entscheidung, die berufliche und materielle Lebensqualität an erste Stelle zu setzen, überfordert. Sie entfernten sich in dem Maße voneinander, je erfolgreicher sich die Familie nach außen präsentieren konnte.

Der Vater beginnt, die Nähe und Zuneigung, die er in seiner Ehe nicht leben kann, bei seiner Tochter zu holen.

Das verwirrte Kind

Karins Mißhandlung durch den Vater beginnt, als sie noch klein ist. Das Kinderschutz-Zentrum Kiel weist in einer Auswertung (Johns 1990 a) darauf hin, daß bei der Mehrheit der betroffenen Kinder die Mißhandlung schon im Kindergarten- und Grundschulalter beginnt (40 Prozent im Alter von fünf bis acht Jahren und 16 Prozent im Alter von null bis vier Jahren). Karin berichtet, daß der Vater „seine Zunge in ihren Mund gesteckt“ habe, er habe sie auch „an die Muschi gefaßt und seinen Finger reingesteckt". Später mußte sie dann seinen Penis anfassen und reiben, „bis weißes Zeug rauskam". Karin ist verwirrt. Sie weiß nicht, ob sie ein kleines Mädchen ist, das spielt oder ob sie „Papas kleine Frau" ist.

Für ein Kind gestaltet sich die Beziehung zu einem mißhandelnden Elternteil außerordentlich widersprüchlich: Es fügt sich den Wünschen der Autoritätsperson und freut sich, wenn diese mit ihm spielt. Das Kind ist dann verwirrt, wenn die Mißhandlung geschieht.

„Er hat gestöhnt", berichtet Karin dann weiter. Sie erlebt seinen veränderten Gesichtsausdruck beim Orgasmus und sie versteht nicht, was vor sich geht. Es wird kein Wort gesprochen, und der Vater schaut sie nicht an. Wenn die sexuelle Mißhandlung vorbei ist, wird er wieder zum Vater und zu der Autoritätsperson, die anordnet, was geschehen soll.

Heute wissen wir, daß ein Kind sich durch die sexuelle Mißhandlung erregt fühlen kann. Der kindliche Körper antwortet auf die sexuellen Reize und das Kind schämt sich dafür. Es fühlt sich verraten und schuldig, weil es „mitgetan" hat.

Die kindliche Verwirrung ist groß. Das Kind entscheidet sich, Signale zu senden in der Hoffnung, die bedrohlichen und verwirrenden Erfahrungen der sexuellen Mißhandlung mögen bald zu Ende gehen. Seine Überlebensentscheidungen können aber langfristige psychische Erkrankungen und Beeinträchtigungen zur Folge haben (Johns 1990 b, vgl. den Beitrag von Matthias Heinsohn-Krug).

Das Familiengeheimnis

Als Karin zu uns kommt, steht sie noch unter dem Einfluß der väterlichen Anordnung, über alles, was sie mit ihm erlebt hat, zu schweigen. Erst allmählich und nur unter größter Anstrengung ist sie in der Lage, von ihren verwirrenden Erlebnissen zu berichten.

Sexuelle Kindesmißhandlung innerhalb von Familien kann nur

unter äußerster Geheimhaltung geschehen. Der mißhandelnde Elternteil bestimmt, worüber gesprochen wird und was geheimgehalten werden muß. Er zwingt das Kind notfalls unter Androhung von Gewalt, seine Erlebnisse niemandem zu erzählen. Es lernt zu schweigen und das Geheimnis zu bewahren. Durch seine Loyalität ist das Kind in einen unlösbaren Widerspruch verwickelt. Es fühlt sich in seinen unterschiedlichen Gefühlen zum Vater gefangen („ich mag ihn *und* ich habe Angst vor ihm"). Das Kind will zu ihm halten und hofft gleichzeitig, die Situation möge doch vorübergehen („ich halte zu dir *und* ich will, daß bald alles vorbei ist"). Es fühlt sich zuständig für die Bedürfnisse des Vaters und will beschützt werden („ich bin immer für dich da *und* ich brauche Hilfe").

Ein in der Familie sexuell mißhandeltes Kind ist nicht in der Lage, sich der verstandesmäßigen und seelischen Verwirrung zu erwehren. Die Last der Geheimhaltung und die drohende Gewaltanwendung machen es orientierungslos.

Karin konnte sich dem väterlichen Einfluß nicht entziehen. Sie ahnt, daß es unmöglich sein wird, sich der Mutter anzuvertrauen.

Die Mutter: Mitwisserin oder Gefangene?

Karins Mutter war nicht in der Lage, ihr Kind zu beschützen. Sie hatte nicht bemerkt, daß ihr Kind sich zu verändern begann. Erst als Karins Probleme in der Schule immer deutlicher wurden, entschied sie sich, Rat und Hilfe im Kinderschutz-Zentrum zu holen.

In Familien, in denen es zu einer sexuellen Kindesmißhandlung durch einen Vater, Stiefvater oder Freund der Mutter gekommen ist, hat die Mutter eine besonders schwierige Rolle. Von der Umwelt werden ihr oft viele Vorwürfe gemacht. In einer Familie ist die Rolle der Mutter in bezug auf das Kind genauso von Bedeutung wie die des Vaters. Es ist zu fragen, ob sie von der Mißhandlung gewußt haben kann. Bei Karin hat der Vater die mütterliche Abwesenheit von zu Hause ausgenutzt, um Karin sexuell zu mißhandeln. Andere Mütter wissen von der Mißhandlung ihres Kindes oder machen mit. Weiter ist zu klären, ob eine Mutter wahrgenommen hat oder wahrnehmen kann, wenn sich ihr Kind verändert und wie sie darauf reagiert. Heute wissen wir aus vielen Gesprächen mit Müttern sexuell mißhandelter Kinder, daß nicht wenige in ihren Herkunftsfamilien mißhandelt worden sind. Viele von ihnen haben ihren Schmerz so weit verdrängt, daß es ihnen dadurch heute unmöglich ist, das Leid ihres Kindes zu sehen.

Die nächste Frage ist, ob und wie sich die Mutter nach dem Bekanntwerden der sexuellen Mißhandlung entscheiden wird. Sie ist in einer schwierigen Lage, da sie denkt, sie müsse sich zum Schutz des Kindes zwischen ihrem Kind und ihrem Mann entscheiden (Dahm, 1991). Karins Mutter entschied sich für ihr Kind. Es gibt aber Mütter, die dies nicht tun. Auch wenn Konflikte zwischen den Ehepartnern bestehen, kann es für eine Mutter unmöglich sein zu glauben, daß ihr eigener Ehemann die Tochter mißhandelt.

Weitere Gründe, die das Denken und Handeln von Müttern sexuell mißhandelter Kinder beeinflussen können, sind die materielle Abhängigkeit vom Ehemann, die gesellschaftlich vorgeschriebene Rolle als Ehefrau und Mutter und die Angst vor der Ächtung durch die Nachbarschaft, die Gesellschaft.

Der Vater: Täter, Opfer oder was?

Ohne Zweifel liebt Karin den Vater. Als wir zum erstenmal im Zentrum mit ihm sprechen, sind wir erstaunt, mit welcher Wärme und welchem Stolz er von seiner Tochter spricht. Wenn von unserer Seite allerdings das Gespräch auf die sexuelle Mißhandlung gelenkt wird, beginnt er seine Handlungsweisen zu bagatellisieren und zu verleugnen: Er habe seine Tochter nur an der Brust gestreichelt. Und: schließlich habe er sich doch um das Kind kümmern müssen, seine Frau sei ja häufig weggewesen. Schließlich habe das Kind ja auch seine Nähe gesucht: „Also was sollte ich tun?" Es stellt sich die Frage, wie ein Vater in der Lage sein kann, gleichzeitig sein Kind zu lieben und zu mißhandeln.

Viele Mißhandler waren als Kinder in ihren Herkunftsfamilien auch Erfahrungen von Kindesmißhandlung, Vernachlässigung, sexueller Mißhandlung und/oder Suchtverhalten der Eltern ausgesetzt. Häufig sind sie nicht in der Lage, sich in andere einzufühlen. Therapieberichte geben darüber Aufschluß, daß sie nicht nachvollziehen können, was die sexuellen Mißhandlungen im Kind auslösen (vgl. den Beitrag von Klaus-Peter David).

Es ist auch bekannt, daß einige Mißhandler Bruder einer mißhandelten Schwester sind. Sie wurden in ihrer Familie zum Zeuge einer unerträglichen Situation und lösten sie für sich, indem sie sich mit dem Vater identifizierten (Johns 1990 b).

Karins Vater benötigte therapeutische Unterstützung, um seine Rollenverwirrung zu erkennen und aufzulösen: Er ist der Vater und nicht der Liebhaber von Karin. Er mußte lernen, Karin mit väterlichem Grenzen achtenden Respekt zu begegnen und die Verantwortung für die schwere seelische und körperliche Schädigung des Kindes zu übernehmen. Er war gefordert, die Beziehung zu seiner Frau zu klären und die Probleme in seiner Ehe auf erwachsene Weise zu lösen.

In einer solchen Situation ist es notwendig, für den Schutz des Kindes vor weiterer sexueller Mißhandlung zu sorgen und allen Familienmitgliedern Unterstützung durch Fachleute anzubieten, damit sie mit den Belastungen fertig werden und sich verändern können. Die Verstrickung aller Famlienmitglieder im Familiendrama ist langfristig zu lösen, wenn alle Hilfen bei der Bewältigung ihrer Probleme erhalten können.

Karin und ihre Eltern haben die Hilfe erhalten.

Möglichkeiten der Hilfe

Ist mein Kind sexuell mißhandelt? Wege der Klärung und Hilfe

Matthias Heinsohn-Krug

Das Thema sexuelle Kindesmißhandlung wird gegenwärtig vehement diskutiert. Dies führt einerseits zu einem erhöhten Problembewußtsein in der Öffentlichkeit. Andererseits sind Eltern und andere Erwachsene, die mit Kindern z. B. beruflich Kontakt haben, nach wie vor emotional stark belastet und hilflos, wenn der Verdacht einer sexuellen Kindesmißhandlung entsteht. Und sie sind wahrscheinlich noch verunsicherter als vor einigen Jahren. Denn vielfältig sind die Aufforderungen, „nicht wegzusehen"; wie konkrete Hilfen jedoch aussehen sollen, erfahren gerade Eltern viel zu selten.

Entsprechend schwierig ist es dann, zu entscheiden, welche Handlungsschritte die richtigen sind. Eltern und andere Helfer stehen in dieser Situation im wesentlichen vor vier Aufgaben:

1. Bewältigung der eigenen Gefühle und Unsicherheiten,
2. Klärung der ersten Vermutung
3. Weitere Abklärung und Stützung des Kindes,
4. Schutz des Kindes und Einleitung weiterer Hilfen für die gesamte Familie.

Bevor ich zur umrißhaften Erläuterung der ersten drei Punkte komme (Punkt 4 bleibt dem Beitrag von Sigrid Richter-Unger vorbehalten), einige Vorbemerkungen: Fest steht: Sexuelle Mißhandlung von Kindern kann ebenso wie die seelische und körperliche Mißhandlung und Kindesvernachlässigung schwere Entwicklungsstörungen nach sich ziehen. Fest steht aber auch, daß es nicht angebracht ist, bei jeder schweren Entwicklungsstörung eines Kindes zuerst und allein nach einer verborgenen sexuellen Mißhandlung zu suchen. Und schließlich ist zu bedenken, daß unsere Handlungen, die Schutz-Funktionen haben sollen, auch eine erhebliche Belastung für das Kind darstellen können. Kinder brauchen also von uns – unabhängig, ob sie tatsächlich von sexueller Mißhandlung betroffen sind oder nicht – zweierlei:

Verantwortungsbereitschaft und Behutsamkeit.

Hilfe für die Helfer

Ist die Vermutung da, daß ein Kind von sexueller Mißhandlung betroffen sein könnte, so löst dies in der Regel Gefühle von Unsicherheit, Verwirrung oder gar Panik, Lähmung oder Wut aus. Gleichzeitig entsteht häufig ein Druck, reagieren zu müssen. Und man weiß nicht wie. Die Helfer geraten in eine Krise. Gerade in dieser Überforderungssituation ist die Gefahr von Fehlhandlungen groß. Entweder wird planlos und überstürzt gehandelt, um das Problem aus der Welt zu schaffen, oder die Hürden werden als unüberwindbar angesehen. Dann ist Lethargie die Folge, und es wird gar nicht reagiert.

Sind dann mehrere Erwachsene beteiligt, so kann es passieren, daß sich Haltungen wie „Wer weiß, ob das überhaupt stimmt" und „Das Kind müßte schon lange vom Mißhandler getrennt sein" unversöhnlich gegenüberstehen. Konflikte wie diese kosten viel Energie!

Unangemessene Handhabungen der Hilfe wie Überreagieren oder Verleugnen können beim Kind zu (weiteren) Schädigungen führen (sekundäre Traumatisierung). Es ist wichtig, daß Eltern und andere Helfer eine klare Sicht für Realitäten, für die Lage des Kindes und der Familie bewahren und planvoll handeln. Hilfreich ist es, sich in dieser Situation an eine Einrichtung zu wenden, die vertraulich arbeitet und in der Pädagogen, Psychologen und/oder Ärzte arbeiten, die Erfahrung im Problemfeld „sexuelle Mißhandlung" haben, zumal von hier aus häufig auch Hilfen für betroffene Kinder und die gesamte Familie angeboten werden.

Die Phase der Klärung

Der nächste Schritt der Hilfe sollte darin bestehen, abzuklären, aufgrund welcher Hinweise die Vermutung entstand.

Welche Verhaltensweisen, welche körperlichen und psychischen Symptome bei Kindern können darauf hinweisen, daß ein Kind in eine schädigende sexuelle Mißhandlungsbeziehung verwickelt ist? Diese Frage ist oft nicht einfach zu beantworten. Es besteht die Gefahr von zweierlei Fehlleistungen: Wir verwerfen einen Verdacht, obwohl ein Kind dennoch von Übergriffen betroffen ist, oder wir stellen zum Schaden des Kindes und der Familie falsche Beschuldigungen auf.

Es wird deutlich, daß die Bewertung von Hinweisen auf sexuelle Kindesmißhandlung und die Entscheidung über weitere Hilfen Fachkenntnisse und Erfahrung voraussetzt. Dies gilt um so mehr, als Kinder und Jugendliche auch auf andere nicht bewältigte Erlebnisse und Konflikte, wie z. B. Scheidung oder Trennung der Eltern, Gefühle von emotionaler Vernachlässigung, starke innerfamiliäre oder auch außerfamiliäre Probleme oder unverarbeitete Verlust- oder Trauererlebnisse mit ähnlichen oder identischen Verhaltensweisen oder Symptomen reagieren können.

Wenn ich dennoch in der Folge einige Symptome und Verhaltensweisen von Kindern darstelle, die häufig im Zusammenhang mit sexuellen Übergriffen auftreten, dann unter diesem Vorbehalt.

Verhaltenssymptome

- Auffallendes, plötzliches oder auch allmählich einsetzendes Rückzugsverhalten von Kindern und Jugendlichen, das uns glauben läßt, das Kind habe das Interesse an anderen Kindern, Erwachsenen oder auch an geliebten Hobbies verloren.
- Häufige Alpträume mit nächtlichem Erwachen und Weinen.
- Unerklärliche Ängste z. B. vor bestimmten Personen in der Umgebung, Personen eines bestimmten Geschlechtes, vor Toilettengängen oder ärztlichen Untersuchungen.

- Schwierigkeiten im Umgang mit körperlicher Nähe und Distanz. Gemeint ist sowohl distanzloses Verhalten, als auch überhöhtes Angsterleben im Zusammenhang mit körperlicher Berührung insbesondere gegenüber Erwachsenen.
- Starkes „Abdriften" in eine Phantasie- bzw. Scheinwelt, so daß der reale Konflikt nur noch schwer herstellbar ist.
- Starke und überhöhte Beobachtung der sozialen Umwelt, starke Kontrollbedürfnisse insbesondere gegenüber Erwachsenen. Die Kinder werden häufig als „kleine Erwachsene" erlebt.
- Kenntnisse über Sexualität, die ein Kind aufgrund seiner Entwicklung und seines bekannten Wissensstandes eigentlich nicht haben kann.
- Zwanghafte und exzessive Auseinandersetzung mit dem Thema Sexualität in Form von Selbstbefriedigung oder Durchführung von Sexualpraktiken mit anderen Kindern. „Doktorspiele" und altersgemäße Selbstbefriedigungs-Spiele gehören nicht hierzu!

Körperliche Symptome
- Geschlechtskrankheiten im Kindesalter,
- Verletzung an Vagina, Penis und After, wobei die Art der Verletzung wichtig ist. Nicht jede Verletzung in diesen Körperregionen ist mißhandlungsbedingt.
- Symmetrische Griff- oder Bißspuren oder Hämatome (Blutergüsse) an Beinen und Unterleib,
- blaue Flecken durch Saugen (Knutschflecken) bei Kindern.

Kinderzeichnungen

Ein Kind kann durch Zeichnungen und Bilder Hinweise auf seinen Gemütszustand und seine seelischen Probleme geben. Die hier geschilderten Auffälligkeiten in Kinderzeichnungen können auch auf andere Probleme als eine sexuelle Mißhandlung hindeuten:
- Ein Kind malt plötzlich wieder so, wie es das in einer viel frühe-

ren Altersstufe getan hat, es malt z. B. Personen anatomisch unvollständig, ohne Arme, ohne Gesicht oder stark unproportional.

- Es werden vorwiegend „düstere" Bilder gemalt.
- Die Verbindung von Sexualität und Gewalthandlungen ist Thema und das Kind ist u.U. Bestandteil der Szene.
- Das Zeichnen von Figuren mit Geschlechtsmerkmalen ab dem dritten bis fünften Lebensjahr ist für sich genommen kein Hinweis auf eine sexuelle Mißhandlung. Die meisten Kinder dieses Alters beschäftigen sich mit der Frage der körperlichen Unterschiede zwischen Männern und Frauen.

Vor einer Überinterpretation von Kinderzeichnungen sei hier gewarnt!

Äußerungen von Kindern

Bei der Beurteilung der Äußerungen von Kindern über eine vermutete sexuelle Mißhandlung laufen wir – so wie bei der Einschätzung des Problemes insgesamt – Gefahr, in Extreme zu verfallen. Zwei Fallen warten auf uns:

- Wir nehmen das, was das Kind sagt, nicht vollständig wahr oder bagatellisieren es.
- Wir legen in die Äußerungen von Kindern Bedeutungen hinein, die nicht zutreffen.

Zusätzlich tritt vielleicht das Problem auf, daß wir in unserem Wunsch, „endlich die Wahrheit herauszufinden", das Kind überfordern und damit Gefahr laufen, selbst Grenzen zu verletzen. Dann kann es passieren, daß sich das Kind für lange Zeit verschließt.

Folgende Punkte können vielleicht dazu beitragen, mit diesen Problemen besser umzugehen:

- Kinder und Jugendliche, die klare Äußerungen über ihre sexuelle Mißhandlung machen, lügen in der Regel nicht. Im Kinderschutz-Zentrum Lübeck ist bei ca. 200 solcher Fälle kein einziger aufgetreten! (Eine Ausnahme können z. B. Äußerungen von Jugendlichen in schweren Beziehungskrisen der Eltern sein, die sie machen, um einen Elternteil zu schützen oder sich zu rächen.)

- Es ist wichtig genau zuzuhören und möglichst genau festzuhalten, was das Kind sagt. Hierbei sind die Worte des Kindes am wichtigsten. Unsere Übersetzung in die Erwachsenensprache führt in den meisten Fällen zu einem Bedeutungsverlust. Es geht darum, was das Kind sagt und nicht, was wir meinen, was es sagt.
- Wir sollten das Kind nicht durch suggestive Fragen beeinflussen („War das nicht vielleicht so, daß ...?"; „Hast du dich nicht vielleicht doch geirrt?"). Auch geschlossene Fragen, auf die nur mit „Ja" oder „Nein" geantwortet werden kann, sind nur wenig hilfreich.
- Kinder sollten die Möglichkeit haben, frei zu reden. Sie werden häufiger von Erwachsenen (unbemerkt) unterbrochen, als man denkt.
- Erwachsene sollten in Äußerungen von Kindern nichts hineindeuten. Wenn ein Kind sagt, es habe morgens im Bett den erigierten Penis des Vaters berührt, ist das für sich genommen noch kein Hinweis auf eine sexuelle Mißhandlung. Dieses Ereignis kann durch kindliche Neugier ausgelöst sein und nichts mit der Befriedigung sexueller Wünsche des Vaters zu tun haben.

Weitere Schritte der Klärung

Konnte die Vermutung weder entkräftet noch bestätigt werden oder hat die Vermutung sich noch verstärkt, dann muß – möglichst in Zusammenarbeit mit einer Hilfsinstitution – über weitere Schritte nachgedacht werden. In der Folge wird die Wirksamkeit verschiedener Schritte zum Schutz des Kindes dargestellt:

Die körperliche Untersuchung

In den meisten Fällen bestätigt sich die Erwartung nicht, durch eine körperliche Untersuchung des Kindes objektive Beweise für eine sexuelle Mißhandlung zu bekommen. Dadurch relativiert sich ihre Notwendigkeit zu diesem Zeitpunkt, zumal eine schlecht geplante und uneinfühlsame Untersuchung negative Folgen für das Kind haben kann. Zu einem späteren Zeitpunkt kann sie allerdings schon deshalb sinnvoll sein, um dem Kind zu bestätigen, daß es heil und gesund ist. Es ist dann wichtig, eine Ärztin oder einen Arzt zu wählen, die/der geschult und erfahren im Umgang mit mißhandelten Kindern ist.

Die Strafanzeige

Eine Strafanzeige im Falle einer vermuteten sexuellen Mißhandlung kann in der Regel nicht zur Klärung der Situation beitragen und führt zunächst nicht zu mehr Schutz für das Kind. Sie bewirkt zu diesem Zeitpunkt insbesondere bei innerfamiliärer Mißhandlung, daß sich der psychische Druck in der Familie verstärkt. Wege der Hilfe können dann für lange Zeit versperrt sein. Wer dennoch zu diesem Zeitpunkt Strafanzeige erstatten will, sollte im Interesse des Kindes zwei Punkte beachten:

- Keine Strafanzeige, bevor die Mißhandlung unterbrochen ist;
- kein Ermittlungsverfahren, ohne intensive emotionale Stützung des Kindes.

Grundsätzlich sind Helfer nicht verpflichtet, eine Strafanzeige zu erstatten. Sie sind dazu verpflichtet, der Situation angepaßte Hilfen zur Unterbrechung einer Mißhandlung einzuleiten.

Intensivierung des Kontaktes

Benutzen Sie die Intensivierung des Kontaktes zum Kind nicht als Mittel zum Zweck im Zuge der „Beweisführung". Dies könnte zur Folge haben, daß das Engagement nach der Klärung abrupt zurückgenommen wird. Wahrscheinlich wird sich das Kind dann auch noch von uns benutzt fühlen.

Folgende Punkte können im Interesse einer konstruktiven Klärung der Situation außerdem von Bedeutung sein:

- Fixieren Sie sich nicht einseitig auf das Problem „sexuelle Mißhandlung". Kinder benötigen auch wegen anderer Probleme Hilfe.
- Erklären Sie dem Kind den Grund des Gespräches. Sie können z. B. sagen, daß Sie mit ihm sprechen wollen, weil Sie sich Sorgen machen, ob es ihm immer gut geht.
- Betroffene Kinder brauchen die Ermutigung zu sprechen, denn sie fühlen sich mitschuldig und schämen sich in der Regel. Außerdem gibt es ein ausgesprochenes oder auch unausgesprochenes Redeverbot über die Mißhandlung.
- Kinder brauchen eine kindgerechte Sprache. Dies bedeutet für uns Erwachsene, daß wir Hemmschwellen überwinden müssen und Dinge konkret benennen, die wir sonst eher umschreiben. Es ist aber auch denkbar, daß wir mit dem Kind z. B. über Zeichnungen oder Puppenspiel kommunizieren.
- Für Helfer sollte gelten: Diagnostische Interviews mit Kindern durch von außen hinzugezogene Fachleute ohne Wissen der Eltern sollten auf einzelne Sonderfälle beschränkt bleiben. Einerseits besteht die Gefahr einer Überforderung des Kindes, denn es steht in einem Loyalitätskonflikt mit seiner Familie und den Helfern und die Weiterarbeit mit der Familie wird erschwert. Außerdem stören Interviews mit Kindern hinter dem Rücken von Eltern langfristig eine vertrauensvolle Zusammenarbeit von Familien und Institutionen.
- Wenn wir mit einem Kind über den Verdacht sexueller Übergriffe reden wollen, müssen wir uns klar machen, daß dies auch sehr hart, vielleicht zunächst sogar zu hart für uns werden kann. Wenn wir das erst im Gespräch merken, fühlt sich das Kind allein gelassen. Fragen Sie nur so viel, wie Sie auch beantwortet haben können!
- Wer bei Kindern in Befragungen nicht erneut Grenzen überschreiten will, muß Respekt vor ausgesprochenen und nonver-

balen Signalen haben, die signalisieren „Stop, bis hierher und nicht weiter".
- Geben Sie dem Kind zu verstehen, daß Sie ihm glauben, was es sagt, wenn es über sexuelle Übergriffe redet. Machen Sie klar, daß die Verantwortung beim Erwachsenen liegt.

Die Bestätigung der Vermutung einer sexuellen Mißhandlung bedeutet für die gesamte Familie eine schwere Belastung. Die Lösung dieses Problemes ist eine schwere Aufgabe, bei der das Kind und die Familie oft viel Unterstützung braucht. Wir sollten beginnen – hiermit sind auch und besonders die Helfer angesprochen – sexuelle Kindesmißhandlung verstärkt als ein Drama gestörter und gescheiterter Beziehungen zu begreifen und nicht als Delikt, das allein durch Eingriffe lösbar wird. Dann sind wir auf dem Weg zu wirklichen Hilfen einen guten Schritt vorangekommen.

Wann ist ärztliche Hilfe erforderlich?

Doris Scharell

Der klinische Nachweis der sexuellen Mißhandlung bei Kindern ist sehr problematisch. In vielen Fällen gibt es keine körperlichen Nachweise darüber, daß eine sexuelle Mißhandlung stattgefunden hat. Durch die Dynamik des Geschehens und des oft sehr langen Zeitraumes findet meist keine unmittelbare Gewaltanwendung statt und die Kinder haben keine nachweisbaren körperlichen Folgen. Das Fehlen dieser klinischen Symptome ändert nichts an der Glaubwürdigkeit des Kindes. Allein die Aussage des Kindes ist entscheidend.

Bei Verdacht auf sexuelle Mißhandlung oder bei Aufdeckung derselben ist eine ärztliche Untersuchung des Kindes bei Schmerzen im Genital- und Analbereich, Schmerzen beim Wasserlassen, Rötungen, Schwellungen und Ausfluß im Genital- oder Analbereich, bei Blutungen und Verletzungen im Vaginal- oder Analbereich unmittelbar erforderlich. Vor einer ärztlichen Untersuchung ist es wichtig, dem Kind zu erklären, warum es zum Arzt gebracht wird und was dort mit ihm geschieht. Wenn möglich, sollte ein Arzt bzw. eine Ärztin aufgesucht werden, die dem Kind bereits vertraut ist. Man sollte sich nicht scheuen, den Arzt bzw. die Ärztin zu fragen, ob er/sie Erfahrungen im Umgang mit sexueller Mißhandlung hat. Und sich eventuell jemand anderes empfehlen lassen.

Es ist viel Zeit, Ruhe und Einfühlungsvermögen notwendig, das Kind im Gespräch und mit Anschauungsmaterial auf die Untersuchung vorzubereiten. Daß spezielle kindgerechte Instrumente bei der Untersuchung verwendet werden sollten, ist selbstverständlich. Wenn nötig, sollte durch wiederholte Kontakte das Vertrauen des Kindes gewonnen werden, bevor eine körperliche Untersuchung erfolgt. In keinem Fall darf eine Untersuchung erzwungen werden. An erster Stelle steht die Wiederherstellung der seelischen und körperlichen Gesundheit des Kindes. Andererseits kann für das Kind selbst die Untersuchung wichtig und gewünscht sein, um ihm zu versichern, daß sein Körper normal ist, alles in Ordnung ist, daß es keine körperlichen Schäden behält, bzw. daß alles geheilt werden kann.

Manchmal ist die Begleitung des Kindes durch eine vertraute neutrale Person wünschenswert. Ein Kind, das durch den Vater, Stiefvater oder Freund der Mutter mißhandelt wurde, entwickelt der Mutter gegenüber manchmal eine Scheu entweder durch das Gefühl, die Mutter nicht weiter belasten zu wollen oder durch Angstgefühle der Mutter gegenüber, die darin begründet liegen können, daß es sich durch seine Mutter nicht geschützt gefühlt hat oder daß diese ihm vom Mißhandler suggeriert wurden.

Grundsätzlich sollte man mit der Bewertung einzelner isolierter körperlicher Befunde zurückhaltend sein. Natürliche Abweichungen in der körperlichen Entwicklung, Reife und Anatomie vor allem des Hymens – des Jungfernhäutchens – und die geringe Aussagekraft des Befundes erschweren die Erarbeitung einer Liste klarer Kriterien, die beweisend für eine sexuelle Mißhandlung sind. Der Verdacht auf sexuelle Mißhandlung bzw. Penetration kann geäußert werden bei einer stark erweiterten Hymenalöffnung, einem weit geöffneten Analkanal, ohne daß Stuhl im Enddarm getastet wird, bei einer ausgeprägten Venenstauung im umgebenden Gewebe, unregelmäßige, verzogene Analfalten, hinterer dünnsaumiger Hymenalsaum, Feigwarzen, frische Abschürfungen und Risse im Schambereich oder der Schamlippen. Die Mißhandlung ist wahrscheinlich, wenn neben mehreren verdächtigen Kriterien Narben und Risse im Scheideneingang nachzuweisen sind.

Beweisend sind zusätzlich fehlendes Hymenalgewebe, durchrissenes Hymen, Einrisse des Analringes bis oberhalb des Schließmuskels, Einrisse des Dammes, d. h. des Gewebes zwischen Anus und Scheideneingang, die sich bis zum Hymen erstrecken mit Verlust des Hymenalgewebes, Nachweis von Sperma und Samenflüssigkeit.

Wenn man die Wahrscheinlichkeit einer sexuellen Mißhandlung beurteilen will, so sind zwischen zwei Gruppen alle Varianten möglich: 1. Die sexuelle Mißhandlung bei normalem Untersuchungsbefund, ohne Verdacht aus der Vorgeschichte, bei unauffälligem Verhalten, ohne Zeugenaussagen, mit unspezifischen klinischen Befunden. Und 2. die Gruppe der bewiesenen sexuellen Mißhandlung durch Spermaspuren oder Samenflüssigkeit in oder am Körper des Kindes, Zeugenaussagen Dritter über stattgehabte Mißhandlung, Fotos und Videos, Spuren einer stumpfen, penetrierenden Verletzung in der Scheide oder Analöffnung. Dieses erschwert eine klare Diagnosestellung bzw. die Aufstellung eines „Mißhandlungskataloges", der dem unerfahrenen Untersucher hilfreich sein könnte.

Die Erwartung, durch eine ärztliche Untersuchung eindeutige Beweise für eine sexuelle Mißhandlung zu erhalten, sind in den meisten Fällen unbegründet. Bei der Untersuchung geht es in erster Linie um das Wohl des Kindes und nicht um das Sammeln juristisch verwertbarer Fakten. Es geht um Mitwirkung bei der Klärung der Frage, ob eine sexuelle Mißhandlung vorliegt oder nicht, um den Schutz des Kindes und um Vermittlung weiterer Hilfen bei spezialisierten Berufsgruppen (Psychologen, Pädagogen etc.) und Institutionen.

Und was passiert bei Gericht?

Erika Engel

Bericht über Anna

Anna ist 13 Jahre alt, als sie sich im Mai 1990 im Jugendamt meldet. Sie hat über dem rechten Auge eine verkrustete Wunde und blaue Flecken am Arm. Zur Mutter und zum Stiefvater will sie nicht zurück. Ein Vertreter des Jugendamtes erörtert mit der Mutter und dem Stiefvater die Situation. Der Stiefvater bestreitet, Anna geschlagen zu haben; die Mutter gibt einen Vorfall „zu", bagatellisiert im übrigen das Geschehen und schiebt der „schwierigen Anna" die Schuld zu. Beide bestehen darauf, daß Anna in die Familie zurückkommt. Anna lehnt das vehement ab.

Der Vertreter des Jugendamtes ist hin- und hergerissen: Ist der „Vorfall" so gravierend, daß Anna in der Familie in Zukunft gefährdet ist oder ist Anna die Rückkehr zuzumuten? Wie wird das Vormundschaftsgericht den „Vorfall" bewerten? Reicht Annas Schilderung aus, eine einstweilige oder endgültige gerichtliche Regelung zu erhalten? Was kann das Jugendamt in einer solchen Situation überhaupt tun?

– Falls ein Kind in der Familie gefährdet ist und Eltern – auch mit beratenden/therapeutischen oder lebenspraktischen Hilfen – nicht in der Lage oder nicht bereit sind, Schutzmaßnahmen für das Kind zu ergreifen, macht das Jugendamt dem Vormundschaftsgericht Mitteilung, daß das Kind in einer Pflegefamilie oder in einem Heim untergebracht werden muß.
  Vormundschaftsgerichte sind bei den Amtsgerichten angesiedelt.

Auf Initiative des Jugendamtes wird das Vormundschaftsgericht tätig. Anna selbst berichtet dort: Sie war vier Jahre alt, als ihr Vater starb. Im Haushalt lebte noch ein Bruder. Bis zu ihrem elften Lebensjahr hat sie fünf verschiedene „Ersatzväter" erlebt; seit 1988 lebt sie mit dem Stiefvater und der Mutter zusammen. Der Bruder ist inzwischen erwachsen und ausgezogen. Mutter und Stiefvater lassen Anna oft allein. Häufig ist nur der Stiefvater zu Hause. Anna ist zuständig für den Haushalt, für die Versorgung der Familie, für die Harmonie des Zusammenlebens. Vom Stiefvater wird sie kontrolliert, gedemütigt und von Beginn an geschlagen. Er schlägt auch die Mutter und den Bruder. Anna wird mit der Faust ins Gesicht geschlagen und mit dem Kopf gegen die Wand gestoßen. Der Stiefvater beschimpft sie als Störenfried und als Lügnerin. Ihretwegen gebe es dauernd Streit zwischen ihm und der Mutter. Anna ist verzweifelt. Dem Stiefvater kann sie nichts recht machen; die Mutter hält zu ihrem Mann. Anna weiß nicht mehr weiter. Sicher ist sie nur, daß sie aus diesem Teufelskreis hinaus will. Die Mutter und der Stiefvater werden durch die Vormundschaftsrichterin einen Tag später angehört. Beide bestreiten, Anna zu schlagen. Sie sei ein sehr schwieriges Kind und sie seien mit ihrer Erziehung überfordert. Ständig lüge sie, sei unpünktlich und frech. Sie müsse sich nur Mühe geben, dann sei alles wieder gut. Einer Unterbringung des Mädchens stimmen sie nicht zu.

Auf Antrag des Jugendamtes entzieht die Vormundschaftsrichterin der Mutter, die das alleinige Sorgerecht hat, das Aufenthaltsbestimmungsrecht.

- Diese Maßnahme findet ihre Rechtsgrundlage in § 1666 BGB: Wenn ein Kind gefährdet ist und die Eltern nicht bereit oder in der Lage sind, das zur Abwendung der Gefahr Erforderliche selbst zu tun, kann das Vormundschaftsgericht in das elterliche Sorgerecht eingreifen. Es kann das gesamte Sorgerecht entziehen oder aber auch nur Teile davon, z. B. das Recht, den Aufenthalt des Kindes zu bestimmen. Das Vormundschaftsgericht wird auf Antrag, z. B. durch das Kind, Familienangehörige, das Jugendamt, Nachbarn usw. oder auch von Amts wegen tätig, wenn es von einer Gefährdung Kenntnis erlangt. Dabei ist das

Vormundschaftsgericht unabhängig von anderen auch gerichtlichen Instanzen. Es kann eine Regelung treffen, auch unabhängig davon, ob im Strafverfahren eine Verurteilung oder ein Freispruch erfolgt. Seine Ermittlungen führt es nach eigenem Ermessen, hört die unmittelbar beteiligten Auskunftspersonen an, holt ein Gutachten ein oder befragt Erzieher/-innen und Lehrer/-innen.

Anna kommt in eine Bereitschaftspflegefamilie.

– Nicht immer folgt das Vormundschaftsgericht dem Vorschlag des Jugendamtes. Anna hätte es auch passieren können, nach Hause zurückgeschickt zu werden – auch gegen ihren Willen. Das Vormundschaftsgericht muß sich nämlich die sichere Überzeugung von einer Mißhandlung bilden und keine andere Möglichkeit zum Schutz des Kindes sehen als eine Fremdunterbringung. Allerdings wird mehr und mehr der Wille des Kindes berücksichtigt, insbesondere dann, wenn es ein Alter erreicht hat, in dem es eine eigene Entscheidung treffen kann.

In der Bereitschaftspflegefamilie wird Anna von der Mitarbeiterin des Jugendamtes betreut. Zwischen beiden entsteht Vertrauen und nach vielen Wochen berichtet Anna, daß der Stiefvater sie nicht nur körperlich, sondern auch sexuell mißhandelt habe. Er kommt schon seit zwei Jahren zu ihr ins Bett und läßt sich immer wieder von ihr bis zum Samenerguß befriedigen. Dabei erklärt er ihr, daß er ihr beibringen wolle, was Männer mit Frauen tun, bevor sie sich das von einem Fremden gefallen lassen müsse. Die sexuelle Mißhandlung ist von Drohungen und Schlägen begleitet.

Im August 1990 beantragt das Jugendamt beim Vormundschaftsgericht, der Mutter das gesamte Sorgerecht zu entziehen. Zur Begründung wird die sexuelle Mißhandlung von Anna vorgetragen. Die Vormundschaftsrichterin hört Anna, danach die Mutter und den Stiefvater an. Die Mutter bezichtigt Anna der Lüge. Der Stiefvater gibt jetzt zu, Anna „wegen ihrer Lügereien" geschlagen zu haben; jegliche sexuellen Mißhandlungen bestreitet er und kündigt an, Anna wegen übler Nachrede bei der Polizei anzuzeigen.

Das Vorgehen des Stiefvaters beeinflußt den weiteren Verlauf des Verfahrens.

- Personen, die mit sexueller Mißhandlung als Täter konfrontiert werden, versuchen manchmal, durch Strafanzeige wegen Verleumdung oder durch Selbstanzeige ihre „Unschuld" zu beweisen. In einem solchen Fall muß die Polizei/Staatsanwaltschaft Ermittlungen aufnehmen, die unabhängig von den Ermittlungen im vormundschaftlichen Verfahren laufen. Polizei und Staatsanwaltschaft können dabei zu anderen Ergebnissen und Bewertungen kommen als das Vormundschaftsgericht. Das hängt damit zusammen, daß im Strafprozeß die Schuld oder Unschuld des Angeklagten festgestellt wird. Hier gilt der Grundsatz: im Zweifel für den Angeklagten. Im vormundschaftsgerichtlichen Verfahren führt die Gefährdung eines Kindes zu Maßnahmen, das Kind zu schützen. Hier gilt der Grundsatz: im Zweifel für das Kind. So kann im Strafprozeß ein „Täter" freigesprochen werden, im vormundschaftsgerichtlichen Verfahren kann es dennoch zu einer Trennung zwischen Kind und freigesprochenem Täter kommen.

Das Jugendamt bringt Anna in einer Einrichtung unter, in der auch andere Mädchen leben, die sexuell mißhandelt worden sind. Anna erhält eine therapeutische Begleitung. Durch die vormundschaftsrichterliche Entscheidung ist Anna jetzt vor weiterer sexueller Mißhandlung geschützt.

Sie überlegt, ob sie den Stiefvater anzeigen soll. Sie befragt die Vormundschaftsrichterin wenig später nach dem Ablauf eines Strafverfahrens.

- Ein Strafverfahren wegen Körperverletzung, wegen sexueller Mißhandlung, wegen Vergewaltigung und sexueller Nötigung wird durch eine Anzeige der Geschädigten (hier des mißhandelten Kindes) oder durch Dritte (z. B. Eltern, Verwandte) eingeleitet. Im letzteren Fall sollte die Anzeige nicht ohne Einverständnis der Geschädigten erstattet werden. Schon jüngere Mädchen und Jungen sind in der Lage, diese Entscheidung zu treffen, wenn sie kompetent beraten und begleitet werden. Diese Bera-

tung kann durch Rechtsanwältinnen, Mitarbeiterinnen von Einrichtungen wie Kinderschutz-Zentren, Mädchenhaus usw. vorgenommen werden. Das mißhandelte Kind kann durch eine weibliche Beamtin der Kriminalpolizei und/oder durch einen Richter oder eine Richterin, einen Staatsanwalt oder eine Staatsanwältin als Zeuge vernommen werden. Es kann dabei – auch ohne Zustimmung der Eltern – durch eine Rechtsanwältin oder einen Rechtsanwalt begleitet und rechtlich vertreten werden. Die fehlende Zustimmung der Eltern ist notfalls durch das Vormundschaftsgericht zu ersetzen.
Im Verfahren kann ein Sachverständiger das Kind anhören und für die Staatsanwaltschaft oder das Strafgericht ein Gutachten über die Glaubwürdigkeit des Kindes erstatten. Ein solches Gutachten darf die Staatsanwaltschaft oder das Gericht aber nur in Auftrag geben, wenn Widersprüche in der Aussage des Kindes zu Zweifeln Anlaß geben.

In der heutigen Praxis ist die Einholung von Gutachten leider die Regel, selbst wenn keine Widersprüche vorliegen.

Ist die Staatsanwaltschaft von der Schuld des Beschuldigten überzeugt, erhebt sie Anklage beim Amtsgericht oder beim Landgericht, je nach der Schwere des strafrechtlichen Vorwurfs.

Dort findet eine Verhandlung statt, die nicht öffentlich ist. Wenn der Angeklagte nicht geständig ist, muß das mißhandelte Kind erneut als Zeuge vernommen werden. Dies kann, muß aber nicht, in Abwesenheit des Angeklagten geschehen. Nur wenn das Strafgericht von der Schuld des Angeklagten überzeugt ist, wird er verurteilt. Bleiben Zweifel bestehen, wird er freigesprochen.

Im Mittelpunkt des Strafverfahrens steht also der Nachweis der Tat in ihrem genauen Ablauf mit den objektiven und subjektiven Begleitumständen sowie der Nachweis der Täterschaft. Sonstige biographische, familiale und soziale Lebensumstände des Täters spielen nur im Hinblick auf die Schuldfrage eine Rolle.

Im vormundschaftsgerichtlichen Verfahren steht dagegen

die Gefährdung des Kindes, die gestörte Familiensituation, im Mittelpunkt. Dem Mißhandlungsakt, der Tat, kommt eher die Bedeutung eines Indizes (Beweisanzeichen) zu. Wesentlich kommt es auf die soziale und psychische Situation der gesamten Familie, insbesondere aber der des Kindes an. Im Ergebnis sollen vormundschaftsgerichtliche Maßnahmen zur Abwendung der Gefahr für das Kind ergriffen werden, wenn der Schutz des Kindes anders nicht zu sichern ist.

Die Vormundschaftsrichterin informiert Anna kindgerecht über die Einleitung und den Ablauf eines Strafverfahrens. Anna braucht Zeit zum Nachdenken. Sie kann im Moment nicht entscheiden, ob sie den Vater anzeigen will oder nicht und ob sie sich die Belastung durch vielfältige Vernehmungen, Anhörungen und Begutachtungen zutraut.

- Strafprozesse verlaufen immer wieder turbulent und unvorhersehbar in ihrer Prozeßhaftigkeit und daher äußerst belastend für sexuell mißhandelte Kinder. Sachverständige, die in Vorbereitung der Hauptverhandlung vorläufige Gutachten über die Glaubwürdigkeit der Zeugen erstattet haben, bewerten deren Aussagen in der Hauptverhandlung manchmal anders, weil sich durch die Vernehmung vieler Zeugen und Einholung weiterer Beweismittel neue Gesichtspunkte ergeben. Angeklagte und ihre Verteidiger versuchen nicht selten, Zeugen zu diskriminieren und unglaubwürdig zu machen.

1991 faßt Anna den Entschluß, den Stiefvater anzuzeigen. Sie findet eine Rechtsanwältin, die für sie die Anzeige fertigstellt und sie zu ihrer ersten richterlichen Vernehmung begleitet. Die Kriminalpolizei vernimmt den Stiefvater und weitere Zeugen. Sechs Monate später erhebt die Staatsanwaltschaft Anklage beim Amtsgericht. Im Hauptverhandlungstermin bestreitet der Stiefvater den Vorwurf weiterhin. Anna wird als Zeugin vernommen. Der Verteidiger versucht, ihre Glaubwürdigkeit in Frage zu stellen. Ein Sachverständiger erstattet dazu ein Gutachten. Die Mutter stellt Anna weiterhin als Lügnerin dar; mit der Tochter will sie nichts mehr zu tun haben.

– Es kann passieren, daß sexuell mißhandelte Kinder vor Gericht nicht nur die Attacken des Verteidigers des Angeklagten aushalten müssen, sondern darüber hinaus auch noch erleben, daß die Familie sie zur Lügnerin und zum Sündenbock stempelt. Nur eine engagierte Prozeßführung und die anwaltliche Begleitung der Zeugin können dieses Erleben in seiner Schwere mildern, indem z. B. die Zeugin in Abwesenheit des Angeklagten und indem Familienangehörige in Abwesenheit der Zeugin vernommen werden.

Das Gericht verurteilt Annas Stiefvater zu einer Freiheitsstrafe, die zur Bewährung ausgesetzt wird. Anna ist erleichtert, daß ihr vom Gericht geglaubt wird. Sie hat gehofft, daß der Stiefvater sich schuldig bekennt. Über das Verhalten der Mutter ist sie tief betroffen und verzweifelt; sie hat sich von ihr gewünscht, daß sie sich vom Stiefvater trennt und Anna zu ihr zurückkehren kann.

Was erwartet Familien auf dem Weg der Hilfe?

Sigrid Richter-Unger

Eltern wollen gern alles tun, um jeden nur denkbaren Schaden von ihren Kindern abzuwenden. Es gehört jedoch ein hohes Maß an Reflektionsbereitschaft und Offenheit dazu, sich bewußt zu machen, daß selbst für die harmonischste und aufgeklärteste Familie die Wahrscheinlichkeit, daß eine(r) aus ihrer Mitte von anderen Familienmitgliedern oder engsten Bekannten und Freunden sexuell mißhandelt wird, um vieles größer ist als die Gefahr, das Zufallsopfer eines Fremden zu werden. Und anders als im Fall einer Mißhandlung durch Fremde bedarf es im Falle der sexuellen Mißhandlung durch Familienangehörige oder Freunde auch eines weitaus größeren Mutes, sich um Hilfe an Professionelle oder andere außenstehende Dritte zu wenden. Dabei ist gerade hier die Lösung der Probleme und damit auch der Schutz des betroffenen Kindes in der Regel ohne kompetente Hilfe von außen nicht möglich.

Die psychologischen Hürden für die mißhandelten Kinder, die beteiligten Erwachsenen und insbesondere die Mißhandler (nach unseren Erfahrungen sind dies zu 90 Prozent Männer und zu 10 Prozent Frauen), sich Hilfe zu suchen, sind außerordentlich groß: Die Erwachsenen wissen um eine drohende Strafverfolgung und die damit verbundene gesellschaftliche Ächtung, die betroffenen Kinder fühlen sich um so mehr dem innerfamiliären Druck ausgesetzt, das Geheimnis zu bewahren, was ihnen zusätzlich ein Gefühl von Ohnmacht und Hilflosigkeit gibt.

Um unter diesen Bedingungen Kindern und Eltern ein erfolgversprechendes Hilfeangebot zu machen, muß zunächst deutlich werden, daß keine Anzeige erstattet wird. Gleichzeitig muß sichergestellt werden, daß die Mißhandlung beendet wird. Dazu wiederum ist Voraussetzung, daß sie in ihrem tatsächlichen Umfang auch deutlich ist. Die „Realität des Mißbrauchs" (Fürniss, 1991) muß hergestellt, d. h. von allen Beteiligten als wirklich geschehen anerkannt werden. Dies geschieht in der Regel im Rahmen eines Elterngesprächs, das sorgfältig vorbereitet sein muß.

Um eventuelle Mißverständnisse auszuschließen, sei ausdrücklich darauf hingewiesen, daß dieses Gespräch keinerlei ermittelnde Funktion hat. Es steht vielmehr am Ende eines in der Regel bereits längeren Prozesses, in dessen Verlauf sich die beteiligten Professionellen aufgrund sorgfältiger Prüfung und Abwägung aller vorliegenden Informationen bereits das begründete Urteil gebildet haben, daß eine sexuelle Mißhandlung in der Familie stattgefunden hat oder noch stattfindet (vgl. den Beitrag von Matthias Heinsohn-Krug).

Dieses Elterngespräch dient dazu, objektiv bereits Bekanntes in eine von den Beteiligten anerkannte Realität zu überführen, die dann die Basis für helfendes bzw. therapeutisches Handeln werden kann.

In diesem Gespräch sollen weiterhin Vereinbarungen zum Schutz des betroffenen Kindes oder der betroffenen Kinder getroffen werden. Meist ist eine (zumindest vorübergehende) Trennung von mißhandeltem Kind und mißhandelndem Erwachsenen notwendig, weil bei langjähriger sexueller Kindesmißhandlung häufig die Gefahr besteht, daß die Mißhandlung trotz der Aufdekkung weiter fortgesetzt wird. Je nach familiärer Situation kann diese Trennung auf zwei Arten geschehen: Entweder verläßt der Mißhandler die Familie – was auch familienrechtlich abgesichert werden kann – oder das mißhandelte Kind wird außerhalb der Familie untergebracht. Dazu muß geklärt werden, ob das Kind in seiner Familie mit einem Elternteil oder außerhalb der Familie leben kann. Um dem Kind und seiner Familie sinnvoll helfen zu können, ist eine Absprache der verschiedenen Institutionen und Professionen, die mit der Familie zu tun haben, dringend notwendig. Bereits zu Beginn ist es wichtig, daß alle beteiligten Helfer/

-innen sich selbst über ihre Rollen (und auch über deren Beschränkungen) genau im klaren sind: Das Jugendamt hat die letzte Verantwortung für den Schutz des Kindes, wobei gegebenenfalls auch eine vormundschaftsgerichtliche Entscheidung notwendig ist; die Beratungsstelle ist für die therapeutische Hilfe und Beratung zuständig; eine Vertrauensperson des Kindes (Lehrer/-in, Erzieher/-in, o.ä.) erklärt sich weiterhin bereit, als Ansprechpartner/-in (aber nicht mehr) zur Verfügung zu stehen etc.

Diese Aufgabenteilung sowie die Art und die Inhalte der Zusammenarbeit müssen für die Familie klar werden.

Der Familie sollte deutlich gemacht werden, daß dieser Kreis in Zukunft die Vereinbarungen überprüfen wird, die gemeinsam zum Schutz des Kindes getroffen worden sind. Auf diese Weise können dem Kind zusätzliche Belastungen, die etwa bei einer Aussage in einem möglichen Gerichtsverfahren auf es zukommen würden, erspart werden. Sowohl dem mißhandelten Kind als auch dem mißhandelnden Erwachsenen gegenüber sollte dabei eine Haltung an den Tag gelegt werden, die zwar eindeutig die sexuelle Mißhandlung verurteilt und die alleinige Verantwortlichkeit des Erwachsenen verdeutlicht, aber nicht die beteiligten Personen als solche ablehnt.

Welche konkreten therapeutischen Hilfen können nun die Familie bzw. die einzelnen Familienmitglieder im weiteren Verlauf erwarten? Sexuelle Mißhandlung in der Familie ist etwas, das alle Familienmitglieder in der einen oder anderen Weise betrifft – auch diejenigen, die unmittelbar gar nicht beteiligt sind und sie vielleicht auch gar nicht bemerkt haben. Die Offenlegung der sexuellen Mißhandlung stürzt die Familie zunächst unvermeidlich in eine akute Krisensituation, in der sie sowohl umfangreiche als auch differenzierte Hilfe benötigt. Jedem Familienmitglied sollte Unterstützung angeboten werden. Neben Einzelgesprächen sollten zu unterschiedlichen Zeitpunkten Gespräche in verschiedenen Zusammensetzungen („Familiensettings") geführt werden, z. B. Mutter-Kind, Mutter-Vater oder die gesamte Familie. Da trotz des erfolgreichen Eröffnungsgespräches mit den Eltern der

Druck auf die einzelnen Familienmitglieder, das „Familiengeheimnis" weiterhin nach außen zu bewahren, in der Regel weiterbesteht, sollte jedem einzelnen Familienmitglied die Möglichkeit gegeben werden, sich jeweils aus seiner Sicht mit dem Geschehen auseinanderzusetzen und es zu verarbeiten. Dabei dürfen bzw. sollen auch solche Gefühle zur Sprache kommen, die anscheinend nur mittelbar etwas mit der sexuellen Mißhandlung zu tun haben, z. B. die Gefühle von Geschwisterkindern, die vielleicht seit Jahren auf die vermeintlich privilegierte Stellung ihrer Schwester eifersüchtig waren und nun durch die Aufdeckung der Mißhandlung die „Zerstörung" der Familie als Gefährdung erfahren. Das ruft in ihnen nicht nur Angst vor der Zukunft, sondern nicht selten auch Wut auf die betroffene Schwester hervor.

Ein Fallbeispiel aus der Praxis von KiZ – Kind im Zentrum e.V. soll verdeutlichen, wie Hilfe für Familien aussehen kann:

Familie M. besteht aus der Mutter, ihrem Lebenspartner und den Kindern Anne (neun Jahre) und Olaf (sechs Jahre), aus der ersten Ehe der Mutter. Anne war bereits in der Kindergarten-Vorschulgruppe dadurch aufgefallen, daß sie ein äußerst sexualisiertes Verhalten an den Tag legte und Fremden, insbesondere Männern gegenüber sehr distanzlos war. Als eines Tages dann im Hort die Erzieherin mit den Kindern gemeinsam ein Aufklärungsbuch durchblätterte, in dem auch der Sexualakt beschrieben und abgebildet war, bemerkte Anne: „Das macht Papa auch immer mit mir." (Anne nannte den Lebenspartner der Mutter Papa, da sie zum leiblichen Vater überhaupt keinen Kontakt mehr hatte.)

Die Erzieherin, zu der Anne sehr großes Vertrauen hatte, suchte eine Gelegenheit, mit Anne allein zu sprechen und fragte gezielt nach, was denn der Papa mache. Sie schilderte daraufhin nach anfänglichem, aber nur kurzem Zögern in Einzelheiten, daß der Stiefvater mit ihr regelmäßig genitalen und manchmal auch oralen Geschlechtsverkehr betriebe. Die Erzieherin wandte sich umgehend an die zuständige Jugendamtsmitarbeiterin.

Das Jugendamt schaltete die Beratungsstelle KiZ ein. Gemeinsam mit der Erzieherin und dem Amt wurde ein Konfrontationsgespräch vorbereitet, zu dem der Vater und die Mutter gebeten wurden. Da das Gespräch gut vorbereitet worden war, hat der Vater den Mißhandlungsvorwurf nicht geleugnet und das ihm unterbreitete Therapieangebot angenommen. Da Frau M. mit ihrem Partner zusammenbleiben wollte, wurden die Kinder zunächst in einem heilpädagogischen Heim untergebracht. Auch Frau M. hat ein Therapieangebot akzeptiert.

Während des Aufenthaltes der Kinder im Heim und der Therapien stellte sich bald heraus, daß der Sohn die Mißhandlungen miterlebt hatte, woraus sich auch für ihn erhebliche Verhaltensprobleme ergaben.

Die Therapeuten der einzelnen Familienmitglieder setzten sich in regelmäßigen Abständen zusammen und besprachen die Entwicklung der Familie. Die Eltern arbeiteten beide sowohl mit ihren Therapeuten als auch mit den Erzieher/-innen im Heim gut zusammen. Sie besuchten die Kinder im Heim regelmäßig.

Nach einem Jahr zusätzlicher Paartherapie, vielen Sitzungen in der Zusammensetzung Mutter-Tochter und etlichen Gesamtfamiliensitzungen sind die Familienmitglieder heute – gut zwei Jahre nach der Aufdeckung der sexuellen Mißhandlung – soweit gefestigt, daß die Entlassung der Kinder aus dem heilpädagogischen Heim zu den Eltern möglich geworden ist. Alle Familienmitglieder wollen und werden auch weiterhin therapeutische Hilfe erhalten. Dabei wird besonders auf die Paartherapie und die weiterlaufende Gruppentherapie für Herrn M. Wert gelegt werden.

Gehen wir von diesem Fallbeispiel noch einmal zurück zu den allgemeinen Zielen für therapeutische Hilfen für alle Familienmitglieder. Für die Entwicklung aller ist es wichtig, zukünftig eigene Gefühle und Bedürfnisse wahrnehmen und ausdrücken zu können und ein positives Selbstwertgefühl aufzubauen.

Für die einzelnen Familienmitglieder werden dazu folgende therapeutische Hilfen angeboten:

– Für unmittelbar von sexueller Mißhandlung betroffene Kinder und Jugendliche Spieltherapie und Gesprächstherapie, entweder einzeln oder in Gruppen, um die erlittenen psychischen Verletzungen aufzuarbeiten und symptomatisch auffällige Verhaltensweisen behutsam zu verändern. In Gruppen lernen die Kinder, ihre Erfahrungen mit Gleichaltrigen zu teilen. (Auf die Therapie sexuell mißbrauchter Kinder geht der Beitrag von Francien Lamers-Winkelman ausführlich ein.)

- Für mittelbar betroffene Geschwisterkinder ebenfalls Spiel- und Gesprächstherapie, um ihr Erleben der Geschehnisse mit all ihren Besonderheiten zu bearbeiten. Nicht selten übrigens stellt sich im Laufe dieser Gespräche heraus, daß Geschwister ebenfalls sexuell mißhandelt wurden.
- Für die Mütter muß das Hilfsangebot besonders differenziert und vielseitig sein, da sie nach dem mißhandelten Kind selbst die indirekt am stärksten betroffenen Personen sind. Bei ihnen ist die Reaktion auf die Aufdeckung der sexuellen Mißhandlung in der Regel von schweren Gefühlskonflikten bestimmt. Sie reichen vom Nicht-glauben-Wollen bis zur offenen Abscheu gegenüber dem Partner (wenn er der Mißhandler ist) – meist jedoch liegen sie zwischen diesen beiden Polen. Die Mutter möchte das Kind schützen, häufig aber auch den Partner nicht verlieren. In Mißhandlungsfamilien haben die Mütter manchmal ein geringes Selbstwertgefühl und mitunter treten große Ängste vor der alleinigen Bewältigung des Alltagslebens auf. So benötigen sie nicht nur therapeutische Hilfe bei der Bearbeitung ihrer Schuldgefühle, ihrer Verletzung als Frau und Partnerin und im Umgang mit den Reaktionen des Umfeldes, sondern auch ganz handfeste Unterstützung in praktischen Lebensfragen.

Das im engeren Sinn therapeutische Hilfsangebot für die Mütter sollte im wesentlichen folgende drei Ebenen ansprechen: ihr Selbstwertgefühl stärken, ihre eigene Lebensgeschichte berücksichtigen und ihre Gefühle als Frau und Partnerin und ihre Rolle als Mutter ansprechen.

Viele professionelle Helferinnen setzen die Mütter früh unter Druck, sich sofort und unter allen Umständen von ihren Partnern zu trennen. Dabei übersehen sie häufig die innere Krise, in die die Mütter gestürzt wurden. Trennung kann gut und angebracht sein, sollte aber das Resultat eines Prozesses sein. Denn eine auf Druck von außen überstürzt herbeigeführte Trennung kann die Mutter in eine Verfassung bringen, die es ihr noch weniger als zuvor möglich macht, ihre Kinder künftig besser zu schützen. Auch die Kinder, einschließlich der sexuell mißhandelten, wollen in den meisten Fällen den Vater als Vater behalten – nur eben als liebenden und schützenden, nicht als mißhandelnden Vater. Deswegen kann es durchaus auch vom Standpunkt der Helfer/-innen vertretbar sein, daß die erwachsenen Partner weiter zusammenbleiben. In diesen Fällen muß dann auf jeden Fall die Beziehung zwischen Mutter und Kind gestützt und gestärkt werden.

Von besonderer Bedeutung für den Schutz des Kindes, sowohl aktuell als auch für die Zukunft, ist auch die therapeutische Arbeit mit dem mißhandelnden Erwachsenen. Sie findet in der Regel in Therapiegruppen statt und erfordert auf seiten der Therapeuten bzw. der Therapeutinnen – bei KiZ – Kind im Zentrum werden die Gruppen für Mißhandler jeweils von einer Therapeutin und einem Therapeuten gemeinsam geleitet – besondere Erfahrung und ein besonderes Einfühlungsvermögen. Dazu gehört vor allem die Fähigkeit, dem mißhandelnden Erwachsenen ohne emotionale Vorurteile und mit der Bereitschaft, in ihm nicht nur den Mißhandler, sondern vielleicht auch ein Opfer zu sehen, gegenübertreten zu können.

Auch den Mißhandler stürzt die Aufdeckung der sexuellen Mißhandlung und das damit verbundene Aufbrechen des Verleugnungssystems in eine Krise. Da er unter Umständen auch noch von Strafverfolgung bedroht ist, ist er meist durchaus motiviert, mit der Beratungsstelle einen therapeutischen Vertrag zu schließen, der ihm zunächst erst einmal ein provisorisches System der Absicherung in seiner ins Rutschen geratenen Welt bietet. Dieser Therapievertrag ist für ihn mit klaren Vereinbarungen verbunden:

– Die Einwilligung in die räumliche Trennung vom mißhandelten Kind; die erklärte Bereitschaft zur Übernahme der vollen Verantwortung für die sexuelle Mißhandlung; die Bereitschaft zur aktiven und vor allem regelmäßigen Teilnahme an den Gruppensitzungen.

In der konkreten therapeutischen Arbeit geht es zunächst darum, daß er die alleinige Verantwortung für die Mißhandlung akzeptiert; und zwar nicht nur als verbale Erklärung, sondern als Realität auch für sich selbst. Dazu gehört, daß er den Umfang seiner Handlungen offenlegt und dabei jede Form von Verzerrung, Verharmlosung oder Beschönigung aufgibt. Sowohl sein Bild von sich selbst als auch sein Bild vom Kind wird dabei zur Sprache kommen; sowohl seine eigenen Gefühle als auch seine Vorstellungen von den Gefühlen, die wohl das Kind während der Dauer der Mißhandlung gehabt haben mag.

Andere zentrale Themen müssen sein Bild vom eigenen und vom anderen Geschlecht sein, seine Sexualität einschließlich seiner sexuellen Phantasien, seine Vorstellungen und Ansichten über Macht und Gewalt im allgemeinen wie speziell seiner eigenen Art, sie auszuüben – sowie seine Haltung gegenüber den Grenzen anderer Menschen. Beim Erörtern der eigenen Geschichte schließlich soll der Mißhandler lernen, eigene Befindlichkeiten wahrzunehmen und auszudrücken und damit auch sein (in der Regel gestörtes) Selbstwertgefühl zu steigern. Je „erwachsener" und selbstbewußter der Mißhandler wird, desto sicherer wird auch das Kind vor einer Wiederholung der Mißhandlung.

Der hier in groben Zügen vorgestellte familienorientierte Ansatz scheint mir für Hilfe bei sexueller Kindesmißhandlung der am meisten erfolgversprechende zu sein. Denn sexuelle Mißhandlung in der Familie ist vor allem ein Ausdruck verfehlter Beziehungen und „familienorientiert" bedeutet „auf die Beziehungen orientiert" (im Gegensatz zu: auf das Individuum orientiert). Ziel unserer Arbeit ist der Schutz und die Förderung des Wohles des Kindes, nicht etwa – wie man voreilig aus dem Namen des Therapieansatzes schließen könnte – die Sicherung des Familienzusammenhaltes. Beziehungsorientierte therapeutische Arbeit zielt wie jede therapeutische Arbeit darauf, daß die einzelnen autonomer werden. Nach einer familienorientierten Therapie kann es sein, daß die Mutter mit den Kindern getrennt vom Vater lebt, daß das mißhandelte Kind außerhalb der Familie lebt oder daß die Familie wieder als Familie zusammenleben kann und will. Das heißt, ob die therapeutische Arbeit wiederum zur Auflösung der Familie führt oder zu ihrer erfolgreichen Rekonstruktion, liegt dann hauptsächlich in der Verantwortung der einzelnen Familienmitglieder.

Therapie mit sexuell mißhandelten Kindern

Francien Lamers-Winkelman

Sexuelle Mißhandlung von Kindern ist ein Thema, um das sich zahllose Mythen und Mißverständnisse ranken. So stehen einige auf dem Standpunkt, das Kind verführe den Erwachsenen zu seinem Verhalten. Andere meinen, daß nur Kinder aus sozial schlechter gestellten Familien betroffen sind. Alle Untersuchungen der letzten 10 bis 20 Jahre haben gezeigt, daß Kinder aller sozialen Schichten, Kinder jeden Alters, Jungen wie Mädchen, Opfer sexueller Mißhandlung sein können. Und Mißhandler können Vater, Stiefvater, Lehrer ebenso sein wie Mutter, Tante und Großmutter. Es ist ein ganz und gar falscher Glaube, daß insbesondere kleine Kinder keine Hilfe oder Therapie brauchen, wenn sie mißbraucht wurden. „Normal weiterleben" sei das Motto, dann werde das Kind schon vergessen, was geschehen ist. Doch wissen Erwachsene, die als Kind sexuell mißhandelt worden sind, daß sie mitnichten vergessen und daß sie, wenn sie mit ihrem Trauma allein gelassen werden, oft ihr Leben lang darunter zu leiden haben. Dennoch sträuben Eltern sich oft gegen eine Therapie für ihr Kind, weil sie fürchten, daß es in der Folge noch problematischere Verhaltensweisen zeigen wird. Eltern wollen möglichst schnell wieder zur „Normalität" in der Familie zurückkehren. Oft haben Eltern Schuldgefühle und finden das Geschehene einfach peinlich und leugnen deshalb alle Folgen der Mißhandlung. Um so mehr, wenn der Mißhandler ein Familienmitglied ist: Die Erkenntnis, daß so etwas in der eigenen Familie passieren konnte, lähmt oft den nicht mißhandelnden Elternteil. Die Erkenntnis, daß der Mann und Vater, dem man vertraut und mit dem man das Leben geteilt hat, dieses Vertrauen mißbraucht und das eigene Kind mißhandelt hat, ist sehr schmerzhaft. Selbst wenn der Mißhandler außerhalb des Familienkreises zu suchen ist, sind Eltern schockiert. Sie fürchten die Reaktion von Verwandten und Freunden („warum hast du dein Kind in seiner/ihrer Obhut gelassen?"), von Nachbarn, Lehrern usw.: eine verständliche, aber nicht sehr hilfreiche Reaktion, weder für die Kinder noch für die Eltern selbst. Die meisten Opfer sexueller Gewalt brauchen ebenso wie ihre Eltern professionelle Hilfe, um das Trauma zu überwinden. Nicht alle Kinder sind jedoch in gleichem Maße geschädigt. Einige haben stark und dauerhaft unter den Folgen zu leiden, andere nur vorübergehend, und wieder andere scheinen gänzlich unbeschadet daraus hervorgegangen zu sein. 21 Prozent der Kinder zeigen keine Symptome, unmittelbar nachdem die Mißhandlung aufgedeckt wurde (Conte/Schuerman 1987). Trotzdem bin ich davon überzeugt, daß jedes Kind, das Opfer sexueller Gewalt wurde, ein gewisses Maß an professioneller Hilfe zur Bewältigung braucht, unabhängig davon, wer der Mißhandler war. Das heißt nicht, daß jedes sexuell mißhandelte Kind psychisch zerstört ist, doch zumindest ist seine Erfahrung für es sehr verwirrend. Ich denke, Eltern oder andere für das Kind verantwortliche Personen brauchen Hilfe, um mit der eigenen Scham und Schuld und mit den mittel- oder langfristigen Schäden des Kindes umzugehen. Doch ich betone nochmals, daß nicht nur das in der Familie sondern auch das von Fremden sexuell mißhandelte Kind Beistand bei der Bewältigung braucht. Um die Folgen der Mißhandlung für dieses bestimmte Mädchen/diesen Jungen und ihre/seine Familie ermessen zu können, muß man das Kind und seine Familie sehr genau untersuchen. Und erst auf der Grundlage dieser Untersuchung kann man dann einschätzen, ob eine Therapie oder Beratung zu diesem Zeitpunkt sinnvoll und notwendig ist oder nicht. Hier spielen viele Faktoren eine Rolle. Etwa, ob Vater bzw. Mutter in ihrer Kindheit selbst sexuell mißhandelt worden sind und die neue Situation nun lähmende Erinnerungen weckt. Er/sie ist dann möglicherweise völlig unfähig, mit dem Problem des Kindes umzugehen. Andererseits kann der

Vater/die Mutter das Kind aus der eigenen Betroffenheit heraus vielleicht besonders gut verstehen, kann ihm Stütze und Hilfe sein. Wenn das Kind deutlich gestörte Verhaltensweisen zeigt, sollte intensive Hilfe angeboten werden, und wenn umgekehrt das Kind nicht extrem verhaltensauffällig ist und die Familie ihm helfen kann, ist vielleicht keine strikte Therapie notwendig.

Mein Kind ist sexuell mißhandelt worden

Was können Eltern tun, und was andere Personen, die mit einem sexuell mißhandelten Kind zu tun haben (z. B. Lehrer/-innen)?

Wenn Eltern merken, daß ihr Kind sexuell mißhandelt wird, steht der ganzen Familie eine schwere Zeit bevor. Oft fühlen sich die einzelnen Familienmitglieder in einer solchen Krise innerlich zerrissen und alleingelassen. Sie sind in unterschiedlicher Weise und in unterschiedlichem Maße betroffen und brauchen je nachdem entsprechende Unterstützung von therapeutischer Seite. Doch woher weiß ich, ob ein Therapeut/eine Therapeutin qualifiziert ist, meinem Kind und der ganzen Familie in dieser Situation zu helfen? Sexuelle Mißhandlung ist ein sehr spezieller Fall! Für Kind, Eltern und Familie ist es wichtig, mit einem/einer auf diesem Gebiet erfahrenen Therapeuten/Therapeutin zu arbeiten. Daß hier eine allgemeine therapeutische Ausbildung ausreicht, ist unwahrscheinlich. Sie sind Kunde, Sie sind Klient, Sie haben das Recht zu entscheiden, welcher Therapeut Ihnen und Ihrem Kind guttun würde. Wenn Sie ein neues Kleidungsstück kaufen, wählen Sie Geschäft und Ware sorgfältig aus. Tun Sie dasselbe bei einer Therapie, wählen Sie aus! Dies sind einige Fragen, die Sie möglichen Einrichtungen bzw. Therapeuten stellen können:

Haben Sie eine spezielle Ausbildung in Hinblick auf Probleme bei sexueller Mißhandlung?

Wo haben Sie Ihre Ausbildung gemacht?

Haben Sie ein spezielles Therapieangebot für sexuell mißhandelte Kinder und ihre Familien?

Wie lange arbeiten Sie schon auf diesem Gebiet?

Machen Sie eine Bestandsaufnahme der gesamten Familienverhältnisse, bevor Sie eine Therapie beginnen?

Wie lange dauert eine Therapie im allgemeinen?

In welchem Maße wird die Familie in die Therapie einbezogen?

Wieviele Sitzungen machen Sie wöchentlich?

Können Sie für das Kind Stunden außerhalb der Schulstunden einrichten?

Wenn Sie das Gefühl haben, daß der Therapeut/die Therapeutin mit dem Thema „sexuelle Mißhandlung" nicht recht umzugehen weiß, ist er/sie vermutlich der/die falsche für Ihr Kind. Suchen Sie einen anderen, auch wenn es mit viel Herumfragerei verbunden ist; vielleicht können andere betroffene Eltern helfen.

Sie werden zu Beginn einer Beratung oder Therapie viele Fragen haben. Fragen Sie! Aber sprechen Sie auch offen über sich und darüber, was der sexuelle Mißbrauch Ihres Kindes mit Ihnen und der Familie gemacht hat. Ein (guter) Therapeut wird Ihre Gefühle nicht als richtig oder falsch werten, sondern sie respektieren. Er wird versuchen, gemeinsam mit Ihnen Lösungen zu finden.

Fragen der Eltern

Was sind die wichtigsten Fragen von Eltern, nachdem eine Mißhandlung ihres Kindes aufgedeckt wurde? Meine Liste ist sicher nicht vollständig; im Laufe einer Beratung oder Therapie werden sich viele neue Fragen ergeben. Doch erfahrungsgemäß sind dies am Anfang die brennendsten:

„Warum hat mir mein Kind nichts davon gesagt?" Oder: „Was habe ich falsch gemacht, daß mein Kind nicht direkt zu mir gekommen ist?" Das verstehen Eltern oft nicht. Kinder werden von ihrem Peiniger häufig unter Androhung von Strafen gezwungen zu schweigen. Oft wird ihnen gesagt, die Eltern würden sie strafen, wenn sie etwas verrieten. Oder ihnen wird mit Kinderheim oder gar Gefängnis gedroht. Väter stellen die Mißhandlung oft als

„unser kleines Geheimnis" hin und belohnen das Kind jedesmal. Und sie sagen dem Kind oft, die Mutter werde sehr traurig sein, sie werde weinen oder weglaufen, wenn sie davon erführe. Manche drohen dem Kind gar, es zu ermorden, wenn es etwas verrate, oder seine Geschwister oder Eltern. Daher kann ein Kind selten über die Mißhandlung sprechen.

„Mein Sohn wurde von einem Mann mißbraucht; heißt das, daß er homosexuell werden wird?" Oder: „Meine Tochter wurde als Kind mißbraucht. Wird sie deshalb frigide werden oder keine Kinder haben können?" Auch das können wichtige Fragen von Eltern sein.

In der Literatur zu dem Thema gibt es nirgendwo einen Hinweis darauf, daß eine sexuelle Mißhandlung zu Homosexualität führt. Es ist dagegen bekannt, daß sie Auswirkungen auf das Sexualleben des späteren Erwachsenen haben kann. Das ist ein wichtiger Punkt in der Behandlung und Therapie.

Die Frage nach Geschlechtskrankheiten und AIDS ist für die Eltern oft sehr drängend. Die meisten Kinder ziehen sich keine Krankheiten zu. Dennoch ist es empfehlenswert, Ihr Kind von Fachleuten untersuchen zu lassen. Es ist von größter Wichtigkeit, eine einfühlsame Ärztin bzw. einen Arzt für Ihr Kind zu finden, die/der es in kindgemäßer Weise untersucht, und die/der ihm auch das Gefühl gibt, daß sein Körper nach wie vor gesund und schön ist. Fragen Sie Ihren Therapeuten nach einem geeigneten Arzt!

„Wir haben nicht genug aufgepaßt, wir haben Personen vertraut, denen wir nicht hätten vertrauen dürfen." Das sind Vorwürfe, die sich Eltern oft machen. Doch die Verantwortung für die sexuelle Mißhandlung Ihres Kindes trägt einzig die Person, die sie begangen hat. Er/sie hat das Vertrauen des Kindes mißbraucht. Niemand ist schuldig, weil er einem anderen Menschen vertraut hat.

Auch Eltern, die immer als gute Eltern angesehen waren, können plötzlich verunsichert sein und nicht mehr weiter wissen oder sich zumindest ratlos fühlen, wenn sie mit sexueller Mißhandlung in ihrer Familie konfrontiert werden. Das ist verständlich, denn es ist nicht leicht, mit der neuen Situation umzugehen. Eltern müssen die Gratwanderung schaffen zwischen dem Aufdecken dessen, was geschehen ist und einer Überreaktion, bei der das Kind zum Mittelpunkt und „Daueropfer" gemacht wird. Beides, das Ignorieren des Geschehenen und das Überreagieren, drängt das Kind in eine isolierte Position. Normalität zu leben, doch dem Kind das Recht zuzugestehen, seine persönlichen Gefühle zu dem zu haben, was ihm angetan wurde, und dem Kind im richtigen Moment zuzuhören (etwa, wenn Sie mit ihm allein sind) – das alles kann sehr wichtig sein.

Andere Fragen beziehen sich auf das aktuelle Verhalten des verletzten Kindes: „Ist es normal, daß mein Kind so oft masturbiert? Kann ich das tolerieren? Wann, wo, wie oft? Wie gehe ich mit den Schlafproblemen des Kindes um, mit den Alpträumen?" Das sind Fragen, die Sie mit Ihrem Therapeuten besprechen sollten; die Antworten werden je nach Art und Schwere des Traumas Ihres Kindes anders ausfallen.

Und schließlich fragen sich Eltern oft, wie sie nach außen mit dem Problem umgehen sollen: „Soll ich dem Lehrer in der Schule davon erzählen? Den Großeltern? Und was soll ich erzählen? Wieviel? Was sage ich den Geschwistern?" Es ist wichtig, die Privatsphäre des Kindes zu wahren, soweit das möglich ist. Es besteht keine Notwendigkeit, anderen als den unmittelbar Betroffenen von der Mißhandlung zu erzählen. Je nach Alter des Kindes hat es das Recht zu erfahren, wem Sie wieviel davon erzählt haben oder erzählen werden. Vielleicht können Sie es auch in Ihre Entscheidung darüber, mit wem Sie darüber sprechen möchten, einbeziehen. Es kann dem Kind helfen, wenn Sie ihm Antworten auf mögliche Fragen, von Mitschülern und Lehrern etwa, vorschlagen. Auch dies sind Probleme, die Sie mit dem Therapeuten gemeinsam überlegen sollten.

Therapie für das sexuell mißhandelte Kind

Was für Auswirkungen sexuelle Mißhandlung auf den einzelnen Jungen bzw. das einzelne Mädchen hat, hängt von vielen Faktoren ab, unter anderem davon, inwieweit die Eltern fähig sind, mit den Problemen ihrer mißhandelten Kinder umzugehen. Schlechte Antworten scheinen das Trauma zu verschlimmern, positive es aber nicht unbedingt zu mildern (Finkelhor/Browne 1986, S. 75). Einige Kinder brauchen eine Therapie, anderen reicht eine Beratung und Hilfestellung. Bevor mit einer Therapie begonnen wird, müssen daher die Familie und das Kind genau untersucht werden. Die Therapie mit sexuell mißhandelten Kindern ist auch für professionelle Helfer/-innen noch oft ein Problem. Viele Psychotherapeuten/-innen wissen nicht, wie sie mit dieser Problematik in ihrer Arbeit umzugehen haben, und dies um so mehr, wenn es sich um Kleinkinder handelt. Psychologen/-innen und Pädagogen/-innen haben in der therapeutischen Ausbildung oft nicht gelernt, wie eine solche Therapie aufgebaut werden sollte. Aus diesem Grund sollten Sie sich sehr genau nach einem/r geeigneten Therapeuten/-in umsehen. Ziel der Therapie ist, „die Kinder auf ihrem Weg zu begleiten, wieder Kind zu sein; ihnen den notwendigen Raum zu geben, damit sie wachsen, sich entwickeln, lernen, entfalten und entdecken können" (Lamers-Winkelman 1992, S. 102).

Für die therapeutische Arbeit mit sexuell mißhandelten Kindern bevorzuge ich selber meistens die strukturierte Gruppentherapie anstelle der Einzeltherapie: Gruppen deswegen, weil sie alternative Erfahrung bieten zu der erlebten Isolation der Kinder im Zwang der Geheimhaltung und zu ihren Schamgefühlen („nur mir passiert so etwas"). Die Kinder können sich gegenseitig unterstützen. In der Gruppentherapie wird viel Wert auf Sozialisation gelegt, indem man die Kinder zu Interaktion mit Gleichen auffordert, und die Kinder lernen Respekt vor sich selbst und vor anderen, indem sie lernen, Grenzen zu achten. In der Gruppe werden die Kinder fähig, impulsive Eingebungen zu kontrollieren, ihre

Umgebung realistisch einzuschätzen und schließlich ein neues Selbstwertgefühl zu entwickeln. Eine strukturierte Gruppentherapie schafft den Rahmen, innerhalb dessen Kinder ihren Problemen im Zusammenhang mit der sexuellen Mißhandlung ins Auge sehen können. Kinder brauchen eine gezielt strukturierte Therapie, da es sonst schwer für sie ist, über die Mißhandlung zu sprechen, sie werden schnell unruhig, desinteressiert und sind nicht mehr bei der Sache. Ein zu wenig gezieltes Gespräch kann außerdem der Geheimhaltung Vorschub leisten, die ohnehin in diesen Kindern verankert ist. Die Gruppensitzung findet einmal pro Woche statt und dauert jeweils eineinhalb Stunden. Sie wird betreut von zwei Therapeuten, wenn möglich einer Frau und einem Mann. Meiner Meinung nach ist es wichtig, daß die Kinder von Anfang an erneut lernen, daß Mann und Frau zusammenarbeiten können, daß die Beziehung zwischen Mann und Frau nicht sexuell geprägt sein muß und daß ein respektvolles, helfendes Miteinanderumgehen möglich ist.

Im therapeutischen Prozeß ist es wichtig, daß die Kinder über ihre Erfahrungen reden oder zeichnen können (Burgess/Grant 1988). Bereits in der ersten Sitzung werden sie dazu ermutigt. Die meisten Kinder haben noch sehr viel Scham und möchten darüber am liebsten nicht sprechen. Es ist daher sinnvoll, wenn die Therapeuten erläutern, daß alle in die Gruppe gekommen sind, weil jemand sie sexuell mißhandelt hat.

Die Therapeuten erlauben den Kindern, Worte zu gebrauchen, die normalerweise in Gesprächen zwischen Kindern und Erwachsenen nicht üblich sind, wobei klare Anweisung gegeben wird, dieses Vokabular nicht über die Therapie hinaus zu benutzen, etwa in der Schule. Man kann nicht über sexuelle Mißhandlung reden, ohne auch wirklich von sexueller Mißhandlung zu sprechen. Mit anderen Worten: Es ist wichtig, das „er hat ‚ihn' bei mir reingesteckt" klarer in ein „er hat mir seinen Penis (Schwanz) in die Vagina (Anus, Mund) gesteckt" zu fassen.

Schritte in der Therapie

Obwohl natürlich hinsichtlich der Verarbeitung traumatischer Erfahrungen gesehen werden muß, daß jede Therapiegruppe anders verläuft, ist es doch möglich, die Phasen dieses therapeutischen Prozesses anzugeben. Die Therapie fängt damit an, sich untereinander bekannt zu machen, auch wenn die Kinder einander schon kennen. Die Therapeuten machen schon zu Beginn klar, daß sie die Verantwortung für den ganzen Therapieprozeß haben und daß Erwachsene und Kinder verschiedene Rollen und Verantwortlichkeiten haben. Die Therapeuten erklären, daß die Gruppe eine klare Struktur bezogen auf die Zeit, regelmäßige Sitzungen und konstante Therapeuten hat. Eine solche strukturierte Gruppentherapie macht das Arbeiten planbarer und hilft, Grenzen zu ziehen. Die Therapeuten erklären den Kindern, weshalb die Therapie durchgeführt wird und wie sie vorgehen werden. Diese erste Phase, die des Vertrauensbildens, ist entscheidend wichtig. Nur wenn die Kinder sich in der Gruppe wohlfühlen und begreifen, daß die Therapeuten den Rahmen abstecken, wenn sie wissen, daß die Therapeuten für den therapeutischen Prozeß Verantwortung tragen und wenn sie sich beschützt fühlen, dann können sie in diesem sicheren und unterstützenden Rahmen ihre Gefühle und Konflikte durcharbeiten. Wichtig ist auch, daß Vater und/oder Mutter ein Vertrauensverhältnis zwischen Kind und Therapeut/-in zulassen.

- Mathilda ist über mehrere Jahre von ihrem Vater sexuell mißhandelt worden. Nachdem das bekannt geworden war, kam das Mädchen in eine Therapie. Die Mutter, die die ganze Zeit über keine Ahnung gehabt hatte, was sich abspielte, fühlte sich deshalb schuldig. Sie fürchtete, ihre Tochter würde sie nicht mehr lieben, sie war verletzt, weil ihre Tochter sie nicht ins Vertrauen gezogen hatte, und sie hatte Angst, die Tochter könne mit den Therapeuten „Geheimnisse haben". Da Kinder sehr sensibel für die Gefühle und Launen ihrer Eltern sind, und sexuell mißhandelte Kinder ganz besonders, spürte Mathilda, daß ihre Mutter unglücklich sein würde, wenn sie mit den Therapeuten über ihre Mißhandlung spräche. Mehrere Sitzungen vergingen, ohne daß Mathilda ihre Gefühle mit der Gruppe teilen wollte. Die Therapeuten luden daraufhin die Mutter ein und führten ein langes, fruchtbares Gespräch mit ihr. Sie erklärten ihr, warum Kinder den anderen Elternteil oft nicht mit ins Vertrauen zögen, daß sie ihre Eltern schützen wollten. Die Mutter war beruhigt und schien sich nicht mehr gegen den therapeutischen Prozeß ihrer Tochter zu sträuben. In der nächsten Sitzung fragte Mathilda nach Papier und Bleistift. Sorgfältig schrieb sie: „Wenn meine Mutter abends arbeitete, kam mein Vater zu mir ins Zimmer und tat mir unten weh. Ich liebe meine Mutter."

In der zweiten Phase arbeitet das Kind seine Traumata auf. Diese Phase der Verarbeitung besteht im verbalen oder spielerischen Ausagieren der traumatischen Erfahrungen. Entweder spielen die Kinder mit Puppen die erlebten Mißhandlungen nach, sie zeichnen, was geschehen ist, oder sie agieren das Erlebte aufgeregt aus, gebrauchen sehr vulgäre Ausdrücke, provozieren usw.

- Claire sah zu, wie ich eine Puppe auf den Boden zeichnete. Daneben lag noch ein großes Stück Kreide. Dann stand sie auf und kam langsam auf mich (auf das Stück Kreide?) zu. Sie setzte sich auf den Boden, den Rücken mir zugewandt, und nahm die Kreide. Ich zeichnete weiter an meiner Puppe und nannte neutrale Dinge wie Nase, Augen, Mund ... „Wer ist das?", fragte ich. Sie sah mich über die Schultern hinweg an und sagte nichts. Ihre Augen schienen durch mich hindurchzustarren. Dann drehte sie sich um und zog mit ihrer Kreide einen dicken Strich vom Kreuz in Richtung Bauchnabel. „Papas großer Pimmel", sagte sie sehr laut und schrill. Sie sah sich die Zeichnung an und fing an, den Unterleib der Puppe ganz wild durchzukritzeln, während sie „nein, nein ...“ rief. Sie spuckte auf die Zeichnung und stand auf. Dann haben wir gemeinsam auf die Zeichnung gespuckt und sie mit unseren Füßen verwischt. Während dieses geschah, habe ich versucht, alles zu verbalisieren, was ich sah. „Claire ist wütend, die Puppe muß weg, sie darf nicht zu Claire kommen.“ Am Ende war sie erschöpft und müde, so müde, daß sie sich zum ersten Mal bei mir auf den Schoß setzte und sitzenbleiben konnte.

In dieser Phase der Therapie gibt es viele Themen, die auftauchen und verarbeitet werden müssen. Themen:

Schuld:

Das Kind kann sich schuldig fühlen an dem, was passiert ist, schuldig daran, daß es aufgedeckt wurde und daran, was es denkt, der Familie damit angetan zu haben. Wenn das Kind während der Mißhandlung Lust gespürt hat, dann fühlt es sich auch deshalb schuldig.

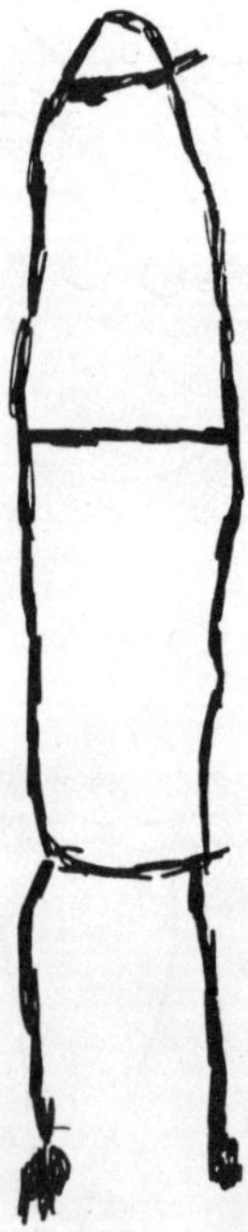

Angst:
Es existiert die Angst davor, daß die Mißhandlung wiederholt wird, Angst vor der sexuellen Handlung als solcher, Angst vor der Wut des Täters und Angst vor (körperlichen) Folgen. Angst vor den körperlichen Folgen ist sogar schon bei sehr jungen Kindern festzustellen: die Angst davor, irgendwie beschädigt worden zu sein und Angst vor Schwangerschaft. Denn obwohl diese Kinder (zu) früh Erwachsenensexualität kennengelernt haben, ist ihr Wissen über Sexualität nur bruchstückhaft, verdreht oder auch ganz verkehrt. Eine gute medizinische Untersuchung durch einen gynäkologisch geschulten Kinderarzt, der sich mit Inzest auskennt, kann dem Kind helfen, den Ängsten vor Beschädigungen

und vor Schwangerschaft vorzubeugen. Die Angst vor der Wut des Täters kann sehr intensiv, real und überwältigend sein. Es kommt regelmäßig vor, daß das Kind unter Strafandrohung von mehr oder weniger ernsten Konsequenzen zur Geheimhaltung gezwungen wird. Und obwohl sexuelle Mißhandlung meistens nicht mit physischer Gewalt einhergeht, zeigt die Erfahrung, daß physische Gewalt nicht ausgeschlossen werden kann.

Depressive Gefühle:
Sowohl während der Mißhandlung wie in der Zeit, wenn sie aufgedeckt wird, gibt es Zeichen für eine Depression. Dann ist es wichtig für das Kind, daß es darüber sprechen kann, daß es die Erlebnisse ausagieren kann und vor allem, daß es das Gefühl bekommt, daß ihm geglaubt wird und daß man es unterstützt.

Negatives Bild von seinem Körper und von sich selbst:
Auch schon sehr kleine mißhandelte Kinder haben ein negatives Bild von ihrem Körper und ein negatives Selbstbild aufgebaut. Manchmal scheint dieses im Gegensatz zu stehen zu den „madonnenartigen" Verhaltensweisen, mit denen sie schon gut umgehen können. Meistens sind es Kinder, die es nicht wagen, sich selbst zu vertrauen, die ihren Körper (Gesicht und Äußeres) als häßlich erleben oder als etwas Negatives ansehen.

Unterdrückte Wut und Feindschaft:
Obwohl die Kinder oft passiv und umgänglich scheinen, können sie sehr viel unterdrückte Wut und Feindschaft haben. Sie fungieren bei den Kindern als Abwehr gegen überwältigende Hilflosigkeit und Angst. Es ist, so denkt man, für ein Kind nicht zu ertragen, daß die Erwachsenen, von denen es abhängig ist, keinen Schutz bieten.

Keine Möglichkeit, anderen zu vertrauen:
Die Kinder haben erfahren, daß man Erwachsenen nicht vertrauen darf. Sie haben erfahren, daß ein Spiel, das erst schön anfing, bei etwas endete, was das Kind nicht wollte. Sie haben erfahren, daß das kindliche Verlangen nach Liebe und Aufmerksamkeit im sexuellen „Spiel" endete, wonach das Kind nicht ver-

langte. Sie haben erfahren, daß Verweigerung und Protestieren hinauslief auf Abweisung, Mißachtung oder körperliche Gewalt.

Verletzte Grenzen und Rollenverwirrung:
Wichtig ist, daß die Therapeuten bestimmte Rollenmuster vorleben und die dazu gehörende Verantwortlichkeit auf sich nehmen. Wie schon erläutert, müssen die Therapeuten ihre Therapie strukturieren, klare Grenzen setzen und so eine Atmosphäre schaffen, in der das Kind seine traumatischen Erlebnisse aufarbeiten kann.

Pseudo-Erwachsensein und Unfähigkeit, entwicklungsgemäße Aufgaben zu erfüllen:
Sexuell mißhandelte Kinder haben gelernt, auf die sexuellen Bedürfnisse Erwachsener zu reagieren. Während der Mißhandlung mußten sie wie Erwachsene reagieren. Sie mußten ihre normalen kindlichen Reaktionen verleugnen, auf ihre Gefühle wurde keine Rücksicht genommen. Während der Behandlung versucht der Therapeut, das Kind wieder zu seinen normalen kindlichen Verhaltensweisen zurückzuführen. Das Recht, Kind sein zu dürfen, muß sehr oft und sehr nachdrücklich betont werden. Das Kind darf und muß wieder lernen zu spielen.

Selbstbestimmung und Selbstkontrolle:
Sexuelle Mißhandlung ist ein Eingriff in den Körper und in die Intimsphäre des Kindes und in sein Recht auf Selbstbestimmung. Das Kind muß (wieder) lernen, daß es auch Menschen gibt, die diese Rechte respektieren. Das Kind muß (wieder) lernen, daß es selbst das Recht hat zu bestimmen, wer seinen/ihren Körper berühren darf und wer nicht.

Im allgemeinen werden alle diese Themen während der Verarbeitungsphase behandelt. Ausdrucksformen wie Zeichnen, Erzählen, Schreiben, Bewegen, Tanzen usw. können dem Kind dabei helfen.

- Johannes wurde oral und anal von seinem Vater mißhandelt. Obwohl er einerseits sehr wütend auf seinen Papa ist, ist er andererseits sehr traurig, daß sein Vater weg ist. Er liebt seinen Vater immer noch. Er kann nicht darüber sprechen; jedesmal, wenn er es versucht, fängt er an zu stottern und erstickt in seinen Worten. Der Therapeut führt das Kegelspiel ein. Johannes darf so heftig und so oft er will die Kegel umtreten und umwerfen. Nach einiger Zeit gibt der Therapeut den Kegeln Namen. Erst „neutrale" Namen. Später werden sie Mama-, Papa- und Johannes-Kegel genannt. Als Johannes so weit ist, spielt er nur noch mit zwei Kegeln, dem guten und dem bösen Papa-Kegel. Er darf sie umtreten und umwerfen. Immer wieder fällt der böse Papa-Kegel um. Der Therapeut verbalisiert dabei seine Gefühle und betont, daß Johannes wütend sein darf auf den bösen Teil von Papa. Johannes wird etwas ruhiger. Dann läuft er zum guten Papa-Kegel, tritt unterwegs den bösen Papa-Kegel um, nimmt den guten Papa-Kegel und sagt: „So, du darfst bei Johannes bleiben."

Nach der Phase der Verarbeitung gehen die meisten Kinder durch eine Phase der Regression. Kinder brauchen positive Körperkontakte, um seelisch und körperlich gesund aufwachsen zu können. Sexuell mißhandelte Kinder haben in dieser Hinsicht meist (nur) negative Erfahrungen. Sie brauchen „Nachbeelterung" (Johns 1990). Im Mittelpunkt steht, daß das Kind gewiegt wird, auf dem Schoß sitzt, gestreichelt und versorgt wird auf eine nicht sexuelle Art und Weise. Schaukeln, Decken, Babyflaschen usw. sind in dieser Phase wichtig. Manche Kinder gehen in der Therapie zurück bis ins Kleinkind- oder Babyalter.

In der letzten Phase der Therapie können die Kinder neue Ausdrucks- und Verhaltensmöglichkeiten erproben und festigen. Die Wiederherstellung des normalen Lebens steht im Mittelpunkt. Das Kind weiß, daß es Erwachsenen vertrauen kann, daß Gefühle respektiert werden, daß man auf seine eigenen Gefühle vertrauen kann. Es ist alles noch sehr zart und zerbrechlich, und es muß noch damit experimentiert werden. Einige konfliktreiche Situationen treten ab und zu wieder auf und müssen noch einmal durchgearbeitet werden. Das Kind aber wird meistens nicht mehr so tief eintauchen wie in der vorhergehenden Phase.

Ein wesentlicher Bestandteil dieser letzten Phase der Therapie ist, dem Kind wieder normales Umgehen mit anderen nicht mißhandelten Kindern beizubringen. Denn viele Kinder wurden durch die Mißhandlung in ihrer natürlichen Entwicklung behindert. Sie waren wegen der Mißhandlung nicht in der Lage, die normalen, altersgemäßen Spiele zu spielen. Die Therapeuten müssen den Kindern von neuem beibringen, Fußball zu spielen, zu schwimmen, Fahrrad zu fahren und auf Bäume zu klettern. Sonst bleiben diese Kinder Außenseiter ihrer Altersgruppe und daher angreifbar und verletzbar.

Eltern und Therapie

Sexuell mißhandelte Kinder zeigen Zeichen und Symptome, die mehr oder weniger direkt mit der Mißhandlung zu tun haben. Ein Sechsjähriger, der nie ins Bett gemacht hatte, wurde Bettnässer, als die Mißhandlung aufgedeckt wurde. Eine Vierjährige verweigerte jede Nahrungsaufnahme, nachdem sie oral mißhandelt worden war. Andere Kinder entwickeln Alpträume und wollen bei den Eltern im Bett schlafen. Einige Kinder legen nach der Mißhandlung ein geradezu verführerisches Verhalten an den Tag. Es ist ein Verhalten, das ihnen im Laufe der Mißhandlung beigebracht wurde. Stellen Sie sich darauf ein, daß solche und ähnliche Verhaltensauffälligkeiten nicht sofort mit dem Beginn der Therapie aufhören werden. Im Gegenteil, einige der Verhaltensweisen können sich mit Beginn der Therapie zunächst verschärfen. Das ist normal. Diese vorübergehenden Widrigkeiten sollten Sie nicht veranlassen, das Therapieprogramm Ihres Kindes abzubrechen. Versuchen Sie mit den Therapeuten über Ihre Beobachtungen und Gefühle zu sprechen. Sie fühlen sich als Eltern vielleicht unwohl, weil Ihr Kind nicht vom Fortgang in der Therapie spricht. Doch selbst kleine Kinder haben das Recht auf ihre Privatsphäre und darauf, selbst zu entscheiden, was sie wann Vater oder Mutter erzählen. Fühlen Sie sich deshalb nicht vor den Kopf gestoßen: Einige Kinder wollen allen Dreck, alle Scham und alles Unglück beim Therapeuten lassen. Sie wollen sich ihre sichere, unterstützende häusliche Umgebung so sauber wie möglich erhalten. Sie sind wie die Vögel: Sie wollen in einem sauberen Nest liegen.

Formen der Behandlung

Sexuelle Mißhandlung beeinflußt alle Entwicklungsaspekte eines Kindes. Einerseits macht das Kind die Erfahrung, daß etwas mit seinem Körper passiert. Andererseits ist es nicht nur eine körperliche Erfahrung. Hinzu kommt, daß das Mißhandlungsgeschehen von vielen Emotionen begleitet wird. Die traumatische Verletzung ist umfassend, und in der Therapie ist es wichtig, daß der Körper, die Gefühle und verstandesmäßiges Begreifen miteinbezogen werden. Die meisten Therapeuten sind dafür ausgebildet, mit Gefühlen und Wahrnehmung zu arbeiten. Therapeuten, die mit sexuell mißhandelten Kindern (Jugendlichen, Erwachsenen) arbeiten, müssen gleichwohl im Blick behalten, daß diese Klienten sich ihren mißhandelten Körper gleichsam zurückerobern müssen. Konkrete Übungen in die Therapie einzubauen, ist gerade für kleinere Kinder wichtig, die sich so besser ausdrücken können als verbal. Es ist für alle Opfer sexueller Mißhandlung wichtig, weil sie ihren Körper dadurch neu wahrzunehmen lernen. Sie können wieder Vertrauen in den eigenen Körper entwikkeln, sie können ein positives, nicht-sexuelles Körpergefühl genießen lernen. Der Therapeut kann dem Kind helfen, eine nicht-sexuelle, neue Wahrnehmung seines Körpers und damit seiner selbst, zu entwickeln. Dem Kind kann geholfen werden, Kompetenz zu entwickeln und die Genugtuung und Freude zu erleben, über sich selbst bestimmen zu können. Das Erforschen von Körpergrenzen, das Erfahren von persönlichem Raum, Berühren und Berührtwerden, all das müssen wichtige Punkte in der Therapie mit sexuell mißhandelten Kindern sein. Das ist um so wichtiger, weil die (Spiel-)Interaktion von kleinen Kindern nicht nur eine verbale Interaktion ist. Nicht-verbale Kommunikation, das Berühren und Berührtwerden spielen daher eine wichtige Rolle im Therapieprozeß. Nicht-verbale Kommunikation ist die Sprache von Gefühlen und Empfindungen (Watzlawick, Beaven/Jackson 1978), und nicht-verbale Kommunikation ist wichtig für das Aufbauen und Erhalten von Beziehungen. Eine der häufig genannten Folgen sexueller Mißhandlung ist die Angst vor Berührungen. Diese Angst spielt wiederum eine große Rolle im Zusammenhang mit dem sozialen Spiel und der sozialen Isolation sexuell mißhandelter kleiner Kinder. Daher sind Körperübungen wie z. B. das Berühren und Berühren-Lassen von größter Bedeutung in der Therapie solcher Kinder.

Aus dem Englischen von Karin Hasselblatt

„Das darf kein Papst, kein Lehrer, kein Nachbar, niemand darf es!"

Eine Therapie mit einem jugendlichen Mißhandler

Klaus-Peter David

Sexuelle Mißhandlungen durch Jugendliche an Kindern sind lange Zeit nicht wahrgenommen und bagatellisiert worden. Viele Mißhandler beginnen bereits in jungen Jahren Probleme zu haben, aber ihre Familien und die Umwelt weigern sich, diese Probleme ernst zu nehmen. Aber grenzüberschreitende destruktive Verhaltensweisen „verwachsen" sich mit dem Älterwerden nicht, sondern stellen den Anfang eines sich verfestigenden Verhaltensmusters dar. Jugendliche sexuelle Mißhandler benötigen daher möglichst frühzeitig Hilfe. Doch wie kann sie aussehen?

Peter ist heute 18 Jahre alt. Im Alter von 15 begann er, seinen sechs Jahre jüngeren Bruder sexuell zu mißhandeln.

Auf Druck der Mutter wendet er sich an das Kinderschutz-Zentrum Kiel und beginnt eine Therapie.

Therapeut: „Und wie ist es herausgekommen, daß du deinen Bruder sexuell mißhandelt hast?

Peter: „Es ist so rausgekommen, daß meine Mutter mit meinen Geschwistern und auch mit ihm darüber gesprochen hat, wie es ist, wenn ältere Menschen Kinder belästigen und was sie dann machen sollen und daß niemand das darf. Das darf kein Papst, kein Lehrer, kein Nachbar, niemand darf es ... Na ja, und dann hat mein Bruder gefragt: Mein Bruder darf das auch nicht? Und meine Mutter sagte: Nee, der auch nicht. Dabei ist es dann zur Sprache gekommen."

Therapeut: „Was ist dann passiert?"

Peter: „Ja, dann hat meine Mutter mich angerufen und gefragt, ob das so stimmt. Und zuerst, da wollte ich ausweichen und sagen: Nee, habe ich nie gemacht und so. Hab' ich nie davon gehört. Dann habe ich das eben doch gesagt, wie das war und daß es auch stimmt. Dann gab es erst einmal einen großen Streit ... Und ... dann sagte sie, ich muß und soll einen Therapeuten aufsuchen, weil ich sonst ihre Wohnung nicht mehr betreten kann."

Wie bei Peter finden wir auch bei anderen jugendlichen und erwachsenen Mißhandlern in der Regel eine geringe eigene Motivation für eine Therapie und für eine Änderung ihres Verhaltens. Das läßt sich damit erklären, daß sie ihr Verhalten in seiner Tragweite bagatellisieren, sich nicht oder kaum in die Kinder einfühlen können, die sie mißhandeln und an ihrem Verhalten nicht notwendig leiden. Der Anlaß, einen Therapeuten aufzusuchen, ist deshalb meist sozialer Druck, die Angst, daß ihnen wichtige familiäre Bindungen aufgekündigt werden. Erst im Verlaufe einer Therapie kann sich eine eigene Motivation für die Therapie und für eine Änderung des Verhaltens entwickeln.

Vom Verleugnen zur Realität

Um eigenen Scham- und Schuldgefühlen sowie Vorwürfen aus der Umwelt aus dem Wege zu gehen, verleugnen oder bagatellisieren Mißhandler in der Regel ihre sexuellen Übergriffe. So ist es auch Peter erst nach einigen Therapiesitzungen möglich, ein realistischeres Bild der sexuellen Mißhandlung und seines Ausmaßes zu geben.

Therapeut: „Was hast du gemacht? Was ist genau passiert?"

Peter: „Also, ich habe einen Bruder. Der ist sechs Jahre jünger als ich und den habe ich, wie soll man sagen, sexuell mißhandelt."

Therapeut: „Ja, was heißt das denn: sexuell mißhandelt?"

Peter: „Also, ich habe ihn gezwungen, mein Glied in seinen Mund zu nehmen und das wollte er nicht. Dann mußte ich ihn dazu zwingen. Ja, und dann haben wir gegenseitig onaniert."

Therapeut: „Und wollte er das auch?"

Peter: „Nein, er wollte das nicht."

Therapeut: „Wie oft war denn das?"

Peter: „Ja, das weiß ich auch nicht genau. Viermal, fünfmal? Ich kann das echt nicht genau sagen."

Therapeut: „Du sagtest, du hattest ihn gezwungen. Wie hast du ihn denn gezwungen?"

Peter: „Ich habe seinen Kopf festgehalten. Ich habe gesessen und dann habe ich seinen Kopf dahingeführt."

Therapeut: „Hast du irgend etwas gemacht, damit er hinterher nicht redet?"

Peter: „Ja, ich habe ihm gesagt, daß er darüber mit niemandem reden soll ... Na ja, damit er das auch wirklich nicht macht, habe ich ihm gesagt, wenn du das tust, dann passiert was. Kann sein, daß ich dich umbringe. Aber auf jeden Fall passiert was."

Am Anfang seiner Therapie bagatellisiert Peter das Ausmaß der sexuellen Mißhandlung und verharmlost die Drohungen, mit denen er seinen Bruder zum Kooperieren und zum Schweigen brachte.

Seine Bereitschaft, die Realität zu benennen, wird erst größer unter dem äußeren Druck einer in Aussicht stehenden Familiensitzung; er muß damit rechnen, daß die Fakten von seiner Mutter und seinem Bruder benannt werden. Um ein zutreffendes Bild von der Realität zu bekommen, ist es wichtig zu wissen, was die mißhandelten Kinder selbst berichten.

Gelegenheit zur sexuellen Mißhandlung seines Bruders hat Peter während seiner Besuche zu Hause. Seine Mutter nutzt die Anwesenheit des Älteren, um Termine außerhalb wahrzunehmen. So ist Peter mit seinem Bruder allein.

Er sagt, daß er sich vor den Besuchen in seiner Phantasie damit beschäftigte, auf welche Weise er mit seinem Bruder Sex haben könne.

Erfahrungen aus der Mißhandlertherapie zeigen, daß sexuellen Mißhandlungen an Kindern immer Phantasien und Planungen vorausgehen.

Als Therapeut ist es wichtig, deutlich wertend Stellung zu beziehen. Sexuelle Handlungen sind schädlich für Kinder und gegen die Regeln unserer Gesellschaft.

Rückblick auf Peters Kindheit und Jugend

Um heutiges Verhalten, Denken und Fühlen zu verstehen, muß sich Therapie damit befassen, wie es entstanden ist. Daher ist die Auseinandersetzung mit der eigenen Geschichte ein Teil des therapeutischen Prozesses.

Nach seiner Geburt 1972 wächst Peter die ersten sechs Jahre als Einzelkind auf. Nach der Geburt seines Bruders fühlt er sich zurückgesetzt und abgewertet. Dieser Konflikt wird durch Äußerungen der Mutter, wie „Mit dir haben wir noch geübt für den Bruder" und durch die Trennung des Vaters von der Familie noch verstärkt.

Peter reagiert teils mit Anpassung und teils mit Aufsässigkeit auf die elterliche Zurückweisung. Er übernimmt sehr früh viele Pflichten im Haushalt, allerdings bekommt er dafür nie oder selten Lob und Anerkennung. Sein Vater kümmert sich nicht mehr um ihn und seine Familie. Mit Gleichaltrigen hat er wenig Kontakt.

In dieser Phase lernt der zehnjährige Peter einen Mann kennen, dem er sich zuwendet und der ihn über ein Jahr lang sexuell mißhandelt.

Die fehlende Zuwendung und Wertschätzung durch Vater und Mutter machen ihn anfällig für den Kontakt mit einem Mann, der ihm Geld und Unterhaltung anbietet und ihm Interesse entgegenbringt. Seiner Mutter erzählt er von dem Mann, aber nichts von der sexuellen Mißhandlung. Die Mutter akzeptiert den Kontakt, ohne den Mann kennenzulernen.

Etwa zu diesem Zeitpunkt läßt Peter mit seinen Leistungen in der Schule nach und wird einige Male beim Ladendiebstahl erwischt.

Auch in der Familie wird er immer auffälliger; er ist häufig aggressiv und will von zu Hause weg. Seine Mutter betrachtet ihn als die Ursache aller Probleme und schickt ihn in eine Spieltherapie – über sexuelle Mißhandlung wird in der Therapie nicht gesprochen. Peter bleibt aus der Sicht der Mutter schwierig. Als er weiterhin den Wunsch äußert, von zu Hause weg zu wollen, willigt sie ein. Er wird in einem Heim untergebracht.

Nach eineinhalb Jahren läuft er mit einem Freund von dort weg. Geld und Unterkunft verdient er sich durch Prostitution. Er kommt in ein anderes Heim. Als er 15 Jahre alt ist, beginnt er bei Familienbesuchen seinen Bruder sexuell zu mißhandeln.

Im Rahmen der Aufdeckung berichtet er zum erstenmal von seiner eigenen sexuellen Mißhandlung.

Peter: „Als ich zehn Jahre alt war, habe ich in einem Schwimmbad einen Mann gesehen, der mit mehreren Kindern im Wasser gespielt hat. Da mir langweilig war, habe ich mir gedacht, Mensch, gehst du mal hin, kannst ja vielleicht mitspielen. Dann habe ich gefragt und er hatte auch nichts dagegen. Dann bin ich von seiner Schulter aus ins Wasser gesprungen, und er hat mich da rumgeschleudert. Das war ganz lustig.

Bloß irgendwann ist er mir in die Badehose gegangen und das fand ich dann nicht mehr lustig. Dann habe ich auch gesagt, he, was soll das? Dann hat er zuerst auch aufgehört, aber dann hat er es immer weiter gemacht. Der hat auch mit mir Fahrten unternommen. Das war gut, weil die Alten ja zeitlich und auch finanziell gebundener waren durch den Alltag und die Arbeit und durch meine Geschwister auch.

Und bei diesen Ausflügen da hat er mich halt auch ewig angefaßt. Er hat mir auch gesagt, daß ich das keinem erzählen soll. Dann würde er eingesperrt oder er kommt in den Knast und dann könnten wir auch nicht mehr wegfahren."

Therapeut: „Und wie ist das rausgekommen?"

Peter: „Also, rausgekommen ist das eigentlich erst, als meine Mutter mich angesprochen hat, ob da was gelaufen ist mit meinem Bruder. Dann hat sie gefragt, da ist doch auch mal früher was mit so einem Mann gewesen. Wir haben dich auch öfters gefragt, aber du bist jedesmal ausgewichen und hast nichts gesagt. Und dann habe ich ihr das halt gesagt."

Was hat die Therapie nun gebracht?

Wichtige Ziele in der Therapie für jugendliche und erwachsene Mißhandler sind:

- die Verantwortung für die sexuelle Kindesmißhandlung zu übernehmen, ohne daß sie verleugnen, bagatellisieren oder die Schuld auf andere schieben;
- die Schwere und die Folgen ihres Verhaltens für die Kinder zu erkennen;
- Probleme angemessen und nicht sexuell und gewalttätig zu lösen.

Peter übernimmt in einer Familiensitzung, die nach etwa einem dreiviertel Jahr der Therapie stattfindet, die volle Verantwortung für seine Handlungen. In seiner Reaktion auf seinen Bruder ist zu beobachten, wie weit er sich seinen Handlungen und deren Auswirkungen stellen kann. Peter ist sehr betroffen, als er erfährt, welche große Angst sein Bruder aufgrund seiner Drohungen gehabt hatte.

Für Peter ist es ein schweres Stück Arbeit, bis er sich in seinen Bruder hineinversetzen und nachvollziehen kann, was die sexuellen Mißhandlungen und besonders die Drohungen und das Ausnutzen der Abhängigkeit ausgelöst haben.

Therapeut: „Was wird er denn gefühlt haben, als er von seinem größeren und stärkeren Bruder hörte: ‚Halt die Klappe, sonst passiert was. Vielleicht bringe ich dich um.‘?“

Peter: ... (leise) „Eine Mordsangst wird er vor mir gehabt haben, nehm' ich an.“

Das Thema in dieser Phase der Therapie ist das Inbeziehungsetzen von Mißhandler und mißhandeltem Kind. Je direkter möglich ist, daß der Mißhandler die schweren emotionalen Folgen seines Verhaltens erlebt, desto besser. Allzuleicht bleibt es sonst bei einer lediglich äußerlichen Einsicht. Sich mit den Folgen für die betroffenen Kinder und den sonst verleugneten Konsequenzen ihres Handelns auseinanderzusetzen, ist für Mißhandler ein riesiger Schritt. Auf seiten des Therapeuten bedarf es einer beharrlichen Klarheit und Konfrontation. Nur wenn Therapeuten unbeirrbar auf der Seite des tatsächlich verletzten Kindes stehen, können wir Mißhandlern deutlich machen, daß wir auch auf der Seite ihres eigenen inneren verletzten Kindes stehen.

Peter lernt in der Therapie, Ärger und Enttäuschungen nicht länger mit sich alleine herumzutragen, sondern direkt auszudrükken. Im Kontakt mit seinen Eltern sagt er zunehmend deutlich seine Meinung und schreckt vor Auseinandersetzungen nicht mehr zurück. Große Veränderungen zeigt Peter auch in der Schule. Er lernt, sich selbst Ziele zu stecken und sich an sie zu halten. Er lernt sogar, ein Fach zu akzeptieren, das er vorher bestreikt hatte. Er beginnt, Freundschaft mit Gleichaltrigen zu schließen. All dies sind Anhaltspunkte, daß es ihm gelingt, sich zu verändern. Die Therapie bietet neben Aufdeckung und Grenzsetzung im Verlauf für Peter die Möglichkeit, sich neue Verhaltensweisen zu erschließen, die ihm Wege eröffnen, Beziehungen anders zu gestalten. Abschließend stellt sich die Frage: Wie geht er in Zukunft mit seiner Sexualität um und inwieweit ist davon auszugehen, daß er Kinder nicht mehr sexuell mißhandelt?

Therapeut: „Wie weit hast du denn jetzt noch Lust auf Sex mit kleinen Kindern?"

Peter: „Nee, hab ich nicht."

Therapeut: „Wie ist das weggegangen?"

Peter: „Ich weiß nicht, wie es weggegangen ist; also ich hab echt keine Lust mehr dazu."

Therapeut: „Ja, wie hältst du es denn jetzt mit Sexualität?"

Peter: „Ja, wenn ich jetzt ein nettes Mädchen treffe oder einen netten Jungen und auf die habe ich Böcke und die wollen es auch und die sind in meinem Alter, dann ist alles okay, aber nicht, wenn sie eben sechs Jahre jünger sind."

Therapeut: „Was macht dich so sicher, daß du keinen Sex mehr mit Kindern haben wirst?"

Peter: „Also erst einmal weiß ich, wie sich eine jüngere Person bei sowas fühlt und auch, wie sie sich danach fühlt. Also mit niemandem reden und das so für sich zu behalten, das möchte ich auch keinem mehr antun und auch irgendwie mir selber nicht und meinem Gewissen auch nicht."

Peters Antwort mag eine sozial angepaßte sein. Aber dies ist ein wichtiger Schritt in der Therapie. Sich an Normen anzupassen, ist die Grundlage dafür, sie später auch wirklich integrieren zu können.

Peter beginnt zu sehen, daß Beziehungen von zwei Menschen gestaltet werden, und er hat begonnen, sich in die andere Person hineinzuversetzen und deren Bedürfnisse und Gefühle wahrzunehmen.

Leider gibt es noch sehr wenige therapeutische Hilfen für jugendliche und erwachsene Mißhandler. „Der Mißhandler – ein Familienmitglied, das niemand behandeln will" (Horton et al.

1990) heißt nicht zu Unrecht der Titel eines Buches. Die Gründe dafür sind vielfältig. Wollen wir langfristig in dem Problemfeld der sexuellen Kindesmißhandlung etwas verändern, dürfen wir die Schlüsselfigur – den Mißhandler – jedoch nicht vernachlässigen. Das Beispiel von Peter zeigt, welche Schritte notwendig sind, um Lösungen zu finden und mögliche Änderungen im Verhalten und der Einstellung von mißhandelnden Jugendlichen und Erwachsenen zu bewirken.

„Ich wünschte, ich wäre nicht so wie du ...“

Erfahrungen einer Erzieherin

Michèle Olivier

Als ich erfuhr, daß Katrin meiner Gruppe zugeteilt wurde und daß ich sie, da sie nicht gruppenfähig war, zusammen mit einer Kollegin zunächst eine Stunde in der Woche einzeln beschäftigen sollte, überkam mich ein lähmendes Unlustgefühl. Meine erste Reaktion war: „Um Gottes Willen, nicht. Ich habe das Thema Inzest so satt. Es muß nicht gerade ich sein, die dieses Kind betreut.“

Zu dem Zeitpunkt befand ich mich in therapeutischer Behandlung wegen meiner eigenen, erst spät aufgedeckten sexuellen Mißhandlung. Privat ging meine ganze Energie dahin, und nun sollte ich dieses Mädchen bekommen, elf Jahre alt, ebenfalls vom eigenen Vater jahrelang sexuell mißhandelt, um sie eine Stunde in der Woche einzeln zu beschäftigen. Ich fühlte mich leicht verwirrt, auf alle Fälle überfordert. Ich war gerne bereit, jedes schwer seelisch und körperlich mißhandelte Kind zusätzlich zu betreuen, aber nicht so eines wie Katrin. Mir war klar, daß dieses Mädchen, das ich nicht einmal kannte, mit Sicherheit eine Art Spiegelbild meiner eigenen Kindheit darstellen würde, und ich hatte Angst davor. Aber ich war auch neugierig: wie sehen sexuell mißhandelte Kinder aus? Sieht man es ihnen an? Natürlich nicht. Bei mir hatte es auch niemand vermutet. Wie verhalten sie sich, und wie soll ich auf sie reagieren? Außerdem hatte ich beruflich keine Wahl. Als Erzieherin würde ich in Zukunft durch die momentane Aufklärungskampagne zur sexuellen Kindesmißhandlung immer mehr in Berührung mit betroffenen Kindern kommen. Blieb nur die Frage, ob ich in der Lage sein würde, aufgrund meiner eigenen Betroffenheit mit Kindern wie Katrin überhaupt umzugehen. Katrin war der Anfang. Sie stellte sowohl auf beruflicher als auch auf persönlicher Ebene eine neue Herausforderung dar, und sie war vor allem ein Mensch, dem es zu helfen galt. Und Hilfe brauchte Katrin dringend: Sie wohnte bereits seit sechs Jahren mit ihrer Mutter und ihrem Bruder im Heim, und erst vor knapp einem Jahr wurde die sexuelle Mißhandlung erkannt. Seitdem hing das Kind sozusagen emotional in der Luft, bis das Heim einen Therapieplatz gefunden hatte. Ich versuchte, mir vorzustellen, wie es für eine Elfjährige ist, plötzlich in der Lage zu sein, die Wahrheit auszusprechen, um hinterher damit wieder allein gelassen zu werden. Diese Erfahrung fehlte mir. Ich war bereits 35 Jahre alt, als meine Geschichte ans Licht kam, also alt genug, mir sofort dauerhaft Hilfe bei Freunden zu holen, vor allem bei einer Therapeutin, die ich mir selbständig aussuchen konnte. Katrin hatte diese Möglichkeit nicht, und nachdem sie Opfer ihres Vaters gewesen war, blieb sie auch jetzt wieder Opfer: diesmal Opfer ihres sozialen Netzes. Es würde sich ändern, sicher, aber es dauerte, und das Mädchen brauchte Hilfe. Und zwar jetzt.

Vom Heim erhielt ich Einsicht in die Akten über Katrin. Ihre Geschichte wies einige Parallelen zu meiner eigenen auf.

Das Kind wurde – wie ich – bereits mit zwei Jahren von ihrem Vater sexuell belästigt. Mit einem Unterschied: er bezog den fünf Jahre älteren Bruder in die Mißhandlung mit ein. Als ich las, daß er dem Bruder sagte: „Ich zeige dir, was man mit so einem Mädchen machen kann!" blieb mir zum erstenmal das Herz stehen. Alle früheren Zweifel und Überlegungen waren im Nu wie weggefegt. Bilder entstanden sofort, und ich sah ganz klar, was damals geschah …

Ein kleines Kind sitzt da mit starren Augen und verkrampften Gliedmaßen. Ich reiße mich los, um weiterzulesen. Was damals Katrin *nicht* konnte: sich losreißen. Ich auch nicht. Ich mache das Licht an, trinke Saft. Ich kann nicht schlucken. Jedesmal, wenn ich von meinem eigenen Inzest spreche und dabei ein Glas in der Hand habe, bin ich unfähig zu schlucken. Geht es Katrin auch so? Das Kind ist fünf, als die Mutter sich mit beiden Kindern von ihrem Mann trennt. Bis vor einem Jahr durfte er die Kinder im

Heim besuchen, bei Ausflügen mißhandelte er sie weiter sexuell. Die Kinder sagten nichts. Jahrelang kein Wort darüber. Ich schaue vom Blatt weg. Eine abgrundtiefe Müdigkeit überkommt mich, als ob ich geprügelt worden wäre. Prügel gab es auch bei den A.s, vielleicht öfter als bei uns. Der Vater trank. Meiner nicht. „Gott sei Dank", denke ich, sehr kindlich. Katrins Geschichte zu lesen macht mich zum Kind. Ich bewerte diesen Bericht mit meinem jetzigen Alter und fühle überwiegend mit einem kindlichen Gemüt: mit Angst und Leere.

Ich lese weiter. Katrin ist in allen Gruppen eine Außenseiterin, wird von den anderen Kindern abgelehnt – in der Schule, im Heim. Sie sei so komisch. Das haben sie über mich auch gesagt, damals. Katrin neigt zur Eßsucht. Ich war und blieb lange Zeit eine schwache Esserin. Mit 17 war ich regelrecht magersüchtig. Solche vordergründigen Symptomunterschiede trennen uns wieder, Katrin und mich, und sie helfen mir gleichzeitig, Abstand zu gewinnen. Auf einmal weiß ich plötzlich, daß diese Mischung von unglaublicher Nähe und Distanz eine besondere Brücke für uns beide sein kann. Am nächsten Tag wird mir klar, daß ich bereits eine innere Bindung zu Katrin aufgebaut habe; daraufhin sage ich ihrer Einzelbetreuung endgültig zu.

Montagnachmittag ist unsere erste gemeinsame Stunde. Ich versuche, meine Unruhe zu verbergen, indem ich unnötigerweise ein paar Puppen und Kissen aufräume. Katrin sollte jeden Augenblick hier sein. Meine Kollegin wirkt gelassen, aber es hilft mir nicht; meine Nervosität steigert sich sogar zur Panik: Ich weiß plötzlich nicht mehr, was ich hier zu suchen habe. Alles um mich herum verschwimmt vor meinen Augen. Ich möchte nur noch weg! Erst als das Kind und seine Mutter im Flur stehen, folge ich meiner Kollegin, um beide zu begrüßen: „Ich bin Michèle." Katrin ist ein für ihr Alter großgewachsenes Mädchen mit kurzem dunklen Haar. Sie trägt eine Brille und lächelt viel. Der Hand, die sie mir gibt, fehlt jeglicher Druck, und sie entzieht sie sofort wieder, um das Zimmer zu erkunden, während wir uns kurz mit ihrer Mutter unterhalten. Aus den Augenwinkeln beobachte ich Katrin, die aufgeregt überall herumläuft, alle möglichen Gegenstände kurz anfaßt, um dann immer wieder zu ihrer Mutter zu gehen. Das Kind kennt das Zimmer schon, und als wir allein sind, holt es aus einem Schrank einen Maumau-Kartensatz und will mit uns spielen. Ein guter Anfang. Allerdings macht sie Fehler, die ihrem Alter nicht entsprechen. Meine Kollegin korrigiert sie sanft. Ich mache auch Fehler, weil ich die Regeln nicht völlig beherrsche, was Katrin offensichtlich freut. Dies bringt uns näher; dadurch verschwindet meine Unruhe allmählich, und ich lehne mich zum erstenmal entspannt zurück ... ich finde, wir sind eine nette kleine Gesellschaft, wir drei. Es wird allerdings nicht immer so bleiben; in ein paar Wochen werde ich Katrin mitteilen müssen, daß meine Kollegin nur jede zweite Stunde kommen wird. Im Augenblick bin ich unendlich erleichtert, nicht allein mit dem Mädchen sein zu müssen. Meine Kollegin hat keinen Inzest erlebt, sie ist also die einzige von uns, die unbelastet ist und deshalb eine große Hilfe für uns sein kann. Ich fange an, mich zu freuen, als ich merke, wie spontan und enthusiastisch Katrin auf unsere Spielvorschläge reagiert. Ein normales Kind, das die volle Aufmerksamkeit zweier Erwachsener für sich allein genießt.

Die eine Erwachsene bin ich. Ich werde mich während der nächsten Monate unseres Zusammenseins ab und zu daran erinnern müssen. Ich werde feststellen, daß ich die Tendenz habe, mich in Katrins Gegenwart wie ein Kind zu fühlen.

Katrin sucht Körperkontakt zu uns beiden. Sie zwickt und kitzelt uns grob und sogar schmerzhaft. Es erinnert mich an meine frühere Art, andere Menschen hart anzufassen; auch, wenn man versuchte, mich liebevoll in den Arm zu nehmen, versteifte ich mich sofort und zog Grimassen, um meine Verlegenheit zu verbergen. Katrin macht es anders: wenn wir sie zart am Arm anfassen, bekommt ihr Gesicht einen abwesenden Ausdruck. Daraufhin entschließen wir uns bald, sämtliche Initiativen zum Körperkontakt zunächst dem Mädchen zu überlassen. Später, ganz unerwartet, springt Katrin mich von hinten an und drückt mir die Kehle zu – mit Bärenkräften schmerzhaft. Ich lockere sanft ihren Griff von meinem Hals. Ich erkläre ihr, daß ich es nicht möchte, daß sie mir so wehtut. Katrin wird uns beide noch eine Weile malträtieren, bis sie den Weg findet, ihre Wut und ihre Schmerzen anders auszudrücken. Aber als das Mädchen mir ein Paar Boxhandschuhe gibt, um mit ihr zu kämpfen, fühle ich mich zum erstenmal überfordert. Ich weiche aus mit der lahmen Begründung, daß unsere Stunde zu Ende ist.

Erst als ich mich in mein Auto setze, merke ich, wie müde ich bin, richtig geschlaucht. Was ist geschehen? Ich habe lediglich mit einem verhaltensgestörten Kind erfolgreich gespielt. Alles sehr positiv ... Ein guter Kontakt existiert bereits, es gilt lediglich, ihn fortzusetzen. Kein Problem. Aber was ist mit mir? Ich habe Angst gehabt. Während ihrer Aggressionsanfälle? Keineswegs. Ich war selbst ein aggressives Kind. Es war, als ihr Blick plötzlich einen abwesenden Ausdruck bekam, wenn man sie berührte. Warum macht es mir Angst? Es machte mir Angst, weil ich diese Situation kenne. Ich muß mich als Kind genau so verhalten haben, wenn mein Vater mich berührte. Und noch etwas: während solcher kurzen Abwesenheiten Katrins habe ich mich selber abwesend gefühlt. Für den Bruchteil von Sekunden befand ich mich nicht mehr im Raum. Ich konnte dem Kind nicht nahe sein. Ich hatte das Gefühl, wenn ich Katrin anfasse, sei es noch so zart und liebevoll, sinken wir beide sofort ins Bodenlose. Als ob wir den Augenblick der sexuellen Mißhandlung wieder erleben.

Zu Beginn unserer Stunden fordere ich Katrin auf, ein Bild zu malen. Über einen längeren Zeitraum zeichnet sie immer das gleiche Haus mit einer großen roten Spitze, die an einer der Wände hängt. Ich frage sie danach. Das Mädchen schaut weg und wird stumm. Ich spüre Gewalt, Angst neben ihrer Stummheit. Ich dränge sie nicht. Sie ist genug bedrängt worden. Ich auch. Als sie Woche für Woche immer wieder das gleiche Bild zeichnet, macht mich ihre Stummheit über dieses angsteinflößende Motiv auf einmal wütend. Am liebsten möchte ich ihr laut sagen, daß *ich weiß*, daß dieses furchtbare Gebilde der Penis oder die Hand oder was auch immer ihres Vaters ist. Ich wünsche mir plötzlich ein Kind, das eine fröhliche Landschaft malt, ja, ich möchte Hoffnung spüren für sie. Ich möchte ein Kind, das *so etwas* nicht kennt.

Abends, während ich den Bericht über die Stunde mit Katrin niederschreibe, fällt mir unerwartet eine weitere Wahrheit über meinen Wutausbruch von heute ein: ich bin explodiert, weil der Inzest bei mir nicht hätte geschehen sollen! Ich lege meinen Stift nieder und spüre einen plötzlichen Druck im Magen, der sich bald zu richtigen Schmerzen steigert. Ich zwinge mich, weiter nachzudenken. Dieser Grund reicht nicht. Die Sehnsucht, dieses Trauma „ungeschehen" zu machen, schleppe ich schon lange genug mit mir herum ... Es ist etwas anderes. Ich wünschte, ich wäre eine perfekte Erzieherin für Katrin, und ich glaube, ich kann es nur sein, wenn ich diese Erfahrung nicht gehabt hätte; eine Erfahrung, die mich so viele Jahre meines Lebens gekostet hat. Ich wünschte, ich wäre für Katrin eine hundertprozentige, stabile Erzieherin, frei von Kindheitsschäden. Ein Vorbild an Gesundheit und beruflichem Erfolg. Beides bin ich nicht ... Weiterdenken. Die Magenschmerzen sind jetzt fast unerträglich. *Ich wünschte, ich wäre nicht so wie du, Katrin!* Ich versuche, mich zu beruhigen, indem ich Männchen male ...

Was sehe ich in dir, was mich so wütend gemacht hat? Unmerklich beginne ich in Gedanken, mich mit dem Kind zu unterhalten: deinen Haarschnitt, deine viel zu große, altmodische Brille, deine knochigen, hart fassenden Hände, deinen unattraktiven, verspannten Körper, deine Unfähigkeit, dich zu konzentrieren – das alles finde ich häßlich, ja, richtig abstoßend. Ich kann dich nicht ertragen. An dir ist nichts, aber gar nichts schön zu finden. Die Arbeit mit dir ist nur mühsam und langweilig geworden. Ich bin froh, wenn sie zu Ende ist. Geh in die Therapie und laß mich in Ruhe. Ich will dich in meinem Leben nicht mehr haben. Viel zu anstrengend.

Geistesabwesend merke ich, daß das Blatt, das ich eben gerade zum Herumkritzeln benutzt habe, unter meinen Stift gerutscht ist. Erst als ich es aufhebe, um es in den Papierkorb zu werfen, entdecke ich, daß ich ein einziges kleines Männchen gemalt habe, das jetzt gänzlich unter dicken, wütenden Strichen verschwunden ist. Entspannt lehne ich mich in meinem Sessel zurück, eine Traurigkeit macht sich in mir breit. Katrin, ja, ich wünschte, ich wäre nicht so wie du. Aber ich bin es.

In der nächsten Stunde ist aller Druck von mir abgefallen. Ich bin meine eigene Negativität losgeworden und verspüre das eigenartige Bedürfnis, Katrin zu verwöhnen. Ich habe mich bisher zu sehr bemüht, alles richtig zu machen. Jetzt werde ich einfach mit Katrin zusammen sein. Für eine Stunde in der Woche. Ein einziges Bedenken: daß Katrin diese Veränderung in mir zu stark wird und sie sich überfordert fühlt. Ich werde wieder vorsichtig sein müssen.

Das Kind kommt und freut sich wie immer, mich zu sehen. Heute sind wir wieder allein. Anstelle meines vorsichtig liebevollen Lächelns bekommt sie dieses Mal ein echtes Michèle-Lächeln, das mein ganzes Gesicht mit einbezieht. Mein Selbsthaß, den ich auf sie übertragen habe, ist verschwunden, und ich empfinde eine tiefe Dankbarkeit. Katrin ist diejenige, die mich an unsere Aufgaben erinnert. „Ich will ein Bild malen." Gut. Das Haus sieht heute nicht so düster aus. Sie malt zum ersten Mal eine Sonne und ein paar Frühlingsgräser. Sie scheint zu spüren, wie entspannt ich geworden bin, denn sie berührt mich ständig, und beginnt, sich von mir anfassen zu lassen. Ihre Widerstände in dieser Hinsicht sind noch geblieben, aber ich kann sie akzeptieren und habe Geduld für ihre Ängste. Ihre Hand streift meine Wange: hart und flüchtig. Ich lerne im Beisammensein mit Katrin, die frühere kleine, häßliche Michèle zu lieben. Es gibt mir Mut, neue Wege zu probieren.

„Katrin, wollen wir heute Quatsch machen?" Ihre Augen, durch die Brille leicht vergrößert, sehen mich verwundert an: „Was denn?" Ich hatte vergessen, daß Katrin unfähig ist, Wünsche auszudrücken, gar zu empfinden. Wie ich früher. Sofort schleicht sich eine leise Depression in mir ein und droht, meinen Kontakt zu Katrin zu unterminieren. Schau, ich habe auch meine Abwesenheiten wie du ... Ich gebe mir einen Ruck. Nein, entscheide ich ganz einfach und schiebe die Depression energisch weg, um mir statt dessen zu überlegen, welche Freude ich Katrin bereiten kann. Ich beginne, laut alle „Quatsch"-Möglichkeiten mit den Fingern aufzuzählen: „... Das Mädchen möchte vielleicht das Zimmer auf den Kopf stellen, die Zunge ausstrecken, ganz weit weg laufen, Papier zerreißen." Katrin blickt mich unentwegt an in der Hoffnung, daß ich daraus das richtige „Quatsch-Spiel" auswählen werde. Komm schon, Katrin, du wirst es schaffen, sag mir einen Wunsch bitte, nur einmal einen Wunsch. Nichts. Eine unbekannte Leidenschaft packt mich, während ich weitere Vorschläge aufzähle; sie gehen mir langsam aus. Verdammt! Nun bist du dran!

Das Kind ist stumm, blickt mich erwartungsvoll an. Plötzlich habe ich eine Idee. Ich schnappe ungefragt nach ihrer Hand, renne mit ihr zur Tür, überquere hastig die Straße und laufe mit ihr auf die nahegelegene Parkanlage zu. Ich habe aufgehört, das Mädchen mit Wünschen zu traktieren. Ich stoppe plötzlich vor einem großen Haufen trockener Blätter und schaue Katrin an. Mit einem Anlauf tauche ich in die weichen knisternden Hügel und beginne, in den Blättern herumzuwühlen. Das Kind läuft mir nach, und bald werfen wir gemeinsam Hände voller Blätter in die Luft und uns ins Gesicht. Jetzt kriechen wir auf allen vieren, und Katrin wird richtig wild dabei. Zuweilen wirft sie mir unerhörte Mengen ins Gesicht und lacht plötzlich aus vollem Hals. Erst später fällt mir auf, daß es das erste Mal ist, seit ich sie kenne, daß ich sie richtig lachen höre. Nach einigen Tagen erfahre ich vom Heim, daß Katrin an demselben Abend zum erstenmal, seit sie dort lebt, richtig, mit echten Tränen geweint hat.

Katrin beginnt, sich zu öffnen, sie ist kindlicher als zu Beginn; meine Kollegin und ich feiern diesen Fortschritt gebührlich. Tage später erkenne ich einen Zusammenhang zwischen der Bewältigung meiner Abwehr dem Kind gegenüber und seiner plötzlichen Fähigkeit, sich zu freuen und zu trauern – ja, und ich bin erwachsener geworden.

Als ich begann, zu begreifen …

Schulische Erfahrungen im Umgang mit sexueller Kindesmißhandlung

Claus Nowak

Die letzte Stunde ist vorüber. Nicole bleibt an der Tür stehen und läßt ihre Mitschüler/-innen an sich vorbei aus dem Klassenzimmer gehen. Schließlich sind nur noch wir beide im Raum. Als ich sie frage, ob sie noch etwas auf dem Herzen hat, fängt sie an zu weinen. Sie bringt einige unverständliche Worte hervor, die von Schluchzen unterbrochen werden.

Mein Blick wandert etwas unsicher zwischen ihr und der geöffneten Tür hin und her. Nach kurzer Überlegung entscheide ich mich, die Tür zu schließen und mir Zeit für ein Gespräch zu nehmen. Mir fällt ein, daß Nicole neben ihrer äußerlich gezeigten Fröhlichkeit, in unbeobachteten Momenten oft traurig und zurückgezogen wirkt; im Prinzip nichts Ungewöhnliches bei einem 15jährigen Mädchen in der Pubertät.

Nicole berichtet zunächst eher andeutungsweise von Schwierigkeiten mit ihrem Vater: daß er ihr so viel verbiete und daß sie abends und selbst nachmittags nur selten weg dürfe. Ihre innere Aufgewühltheit scheint mir jedoch dem Anlaß nicht ganz angemessen zu sein und behutsam frage ich nach. Schließlich berichtet sie, daß ihr Vater immer noch so oft mit ihr schmusen möchte, und sie dabei auf eine Art und Weise anfasse, die ihr nicht gefalle. Manchmal käme er auch abends oder nachmittags, wenn ihre Mutter nicht da ist, zu ihr ins Zimmer oder legt sich zu ihr ins Bett. Ob das denn normal sei, will sie von mir wissen, so als suche sie eine Bestätigung für ihre ablehnenden Gefühle. Nicole spricht jetzt leise und seltsam unbeteiligt, so als habe sie einen Teil ihrer Gefühle von den Erlebnissen gewissermaßen abgekoppelt.

Ich vermeide es, weiter nachzufragen, teils aus Angst, dem Mädchen zu nahe zu treten, teils, weil ich nicht noch weiter zum Mitwisser dieses Familiengeheimnisses werden möchte. Gleichzeitig frage ich mich, weshalb sie mit ihrem Problem nicht zu einer Frau gegangen ist, Frauen sind in diesen Fällen doch die geeigneteren Gesprächspartnerinnen. Ob sie schon mit ihrer Mutter darüber gesprochen habe, frage ich schließlich. Die würde auch nichts ausrichten können, lautet die Antwort, die könne sich doch nicht einmal selbst gegen den Vater durchsetzen. Außerdem werde der manchmal recht handgreiflich.

Seltsamerweise zweifelte ich nicht einen Augenblick an Nicoles Darstellung, obwohl damals die Existenz sexueller Gewalt gegen Kinder noch nicht in das Bewußtsein einer breiten Öffentlichkeit gedrungen war und entsprechende Berichte meist als pubertäre oder ödipale Phantastereien abgetan wurden. Als ich beginne zu begreifen, spüre ich den Abgrund, der die Dimensionen des Problems betrifft, und eine zunehmende Lähmung, als ich an mögliche Konsequenzen und Reaktionen denke. Einen kurzen Moment wünsche ich wieder, sie wäre mit all dem nicht zu mir gekommen, denn das Wissen empfinde ich als belastende Verpflichtung. Andererseits fühle ich mich geschmeichelt, daß sie mir so viel Vertrauen entgegenbringt. Ich sage mir: „Du mußt etwas tun!" und fühle mich im gleichen Augenblick überfordert. Es fällt schwer, mir Nicoles Erlebnisse konkret in dieser gutbürgerlichen Familie vorzustellen. Ich kannte die Eltern von Elternabenden her und hatte sie als vergleichsweise aufgeschlossen und interessiert erlebt. Sexuelle Mißhandlung hätte ich damals mit ganz anderen Familien in Zusammenhang gebracht. Nicole schweigt wieder und weint leise. Ich selbst fühle mich einigermaßen sprachlos und vereinbare mit ihr einen weiteren Gesprächstermin. Dann verläßt Nicole den Klassenraum.

Mir ging es darum, Zeit zu gewinnen, um das Gesagte verkraften und bedenken zu können. Auf dem Heimweg verspürte ich das Bedürfnis, selbst mit jemandem darüber zu sprechen. Aber mit wem konnte oder durfte ich darüber sprechen, ohne Nicoles

Vertrauen zu enttäuschen? Und: mit wem konnte und sollte ich in der Schule darüber reden? Nach meiner Einschätzung bestand an dieser Schule eher ein stillschweigendes Übereinkommen, unbequeme Themen zu tabuisieren, sei es aus der Hilflosigkeit, damit umzugehen, oder aus Angst, den Frieden in dem kleinen Kurort zu stören.

Ich sprach zwar mit Freunden über das Problem, aber mit niemandem aus dem Kollegium. Nicole hatte mich dringend gebeten, nicht mit anderen Lehrerinnen und Lehrern und schon gar nicht mit ihren Eltern darüber zu sprechen. Ich empfahl Nicole eine Familienberatungsstelle in der nächsten Kreisstadt. Sie hatte große Mühe, einen regelmäßigen Kontakt dorthin zu halten. Nach wenigen Besuchen gab sie die Beratung auf. So führte ich als Beratungslehrer in größeren, aber regelmäßigen Abständen Gespräche mit ihr. Mein Ziel bestand vor allem darin, sie in ihrem Selbstbewußtsein, auch gegenüber ihrem Vater, zu stärken.

Nach einiger Zeit hörten die sexuellen Übergriffe auf und wichen einem verstärkten psychologischen Druck, der vor allem darauf zielte, nach außen hin das Bild einer harmonischen Kleinstadtfamilie aufrechtzuerhalten. Irgend etwas mußte der Vater allerdings gemerkt haben, denn er versuchte, mir Schwierigkeiten zu machen, indem er sich z. B. darüber beschwerte, daß ich mit Schülerinnen und Schülern zu vertraulich umgehe: Ich hätte mich auf einer Studienreise von einem Oberstufenkurs duzen lassen. So begleitete ich Nicole argwöhnisch beäugt von den Eltern bis zum Abitur. Danach verlor ich sie aus den Augen.

Zwei Jahre später hörte ich wieder von ihr. Sie bat mich gemeinsam mit ihrem Freund um eine Unterredung. Sie ergänzte ihre damaligen Erzählungen um weitere eindeutige Details darüber, was sich zwischen ihrem 9. und 16. Lebensjahr zugetragen hatte. Sie teilte mir in diesem Zusammenhang die Überlegung mit, ihren Vater wegen sexueller Mißhandlung anzuzeigen und bat mich um Rat. Ausschlaggebend für diesen Schritt war vor allem die Tatsache, daß sich die gesamte Familie gegen sie gestellt und sie für verrückt erklärt hatte, als sie die erlittenen sexuellen

Übergriffe zum ersten Mal innerhalb der Familie thematisieren wollte. Ich gab ihr die möglichen seelischen Belastungen einer Gerichtsverhandlung zu bedenken und verwies sie an eine kompetente Beratungsstelle. Erst jetzt nach fünf Jahren war Nicole stark genug, sich gegen ihre Familie zur Wehr zu setzen.

Fälle sexueller Grenzüberschreitung sind mir während meiner Zeit als Lehrer häufig begegnet: der Großvater, der Zärtlichkeiten erpreßt; der Bruder, der seine jüngeren Geschwister in „Balgereien" mit deutlich sexuellen Motiven verwickelt; der Vater, der seinem minderjährigen Sohn harte Pornos vorführt oder der Mitschüler, der als Spanner in eine Mädchentoilette eindringt.

In der Regel waren es Verwandte, Freunde oder Bekannte der Familie, die sexuelle Grenzen überschritten, manchmal auch nur mit Worten („Sieh mal, die Kleine hat schon einen richtigen Busen!"), und oft verbunden mit ironisch-bagatellisierenden Bemerkungen („Zier dich doch nicht so!"). Gegenüber Verwandten und Bekannten fällt Abgrenzung aus Angst vor Liebesverlust besonders schwer. Oft erzählen die betroffenen Mädchen und Jungen fast scherzhaft über solche Erlebnisse und lachen aus Unsicherheit darüber, ob sie ärgerlich oder traurig reagieren sollen.

Große Unsicherheit und Angst herrschten immer dann, wenn es um sexuelle Belästigungen innerhalb der Schule ging, sei es durch Schüler und ganz besonders durch Kollegen. Über letztgenannte Fälle wurde zwar – hinter vorgehaltener Hand – gemunkelt, doch gab es meist niemanden, der dies offen zur Sprache brachte, entweder um den „guten Ruf" der Schule zu bewahren oder aus falsch verstandener Kollegialität. Oft reichte es allerdings aus, wenn man dem betreffenden Kollegen signalisierte, daß man davon wußte, verbunden mit der Aufforderung, keine weiteren Anlässe für derartige Gerüchte zu geben. Auch wenn der Betreffende versuchte, den Sachverhalt abzustreiten, zu bagatellisieren oder ins Lächerliche zu ziehen, blieb die Wirkung nicht aus. Wichtig war in jedem Fall, keine Namen betroffener Kinder preiszugeben.

Im Zusammenhang mit Fällen sexueller und anderer gewalttätiger Übergriffe stehe ich, wie vermutlich die meisten meiner Kolleginnen und Kollegen stets vor denselben Fragen:

Soll oder muß ich, auch gegen den Willen der betroffenen Kinder, gegenüber Eltern oder Institutionen tätig werden?

Wo liegt die Grenze, jenseits der ich handeln müßte? Ich habe immer wieder beobachtet, daß Fälle von Mißhandlung bagatellisiert wurden, um diese Grenze hinauszuschieben. Genauer hinzusehen und wahrzunehmen, ist unbequem. Es macht allerdings einen Unterschied, ob die Mißhandlung bei aufmerksamer Beobachtung deutlich und offen zu erkennen ist oder ob sich mir betroffene Jugendliche anvertrauen. In diesem Fall habe ich gelernt, nichts ohne deren Zustimmung zu unternehmen, damit der ersten Mißhandlung nicht eine zweite folgt. Anders stellt sich die Frage sicherlich bei Kindern im Grundschulalter. Wichtig und hilfreich ist es vor allem, Zeit zu haben und das betroffene Kind auf seinem schwierigen Weg zu begleiten. Dies wird nicht immer leicht sein, denn ich muß gefaßt darauf sein und ggf. aushalten,

- daß die sexuelle Mißhandlung nicht aufhört,
- daß ich die familiäre Lebenswelt des Kindes nicht ändern kann,
- daß das Kind mir nicht alles sagt,
- daß es etwas erzählt und dann wieder schweigt,
- oder daß es die Familie in Schutz nimmt.

Wenn es die eigene Kompetenz erlaubt, kann es sinnvoll sein, neben der gebotenen Zurückhaltung auch Unterstützung zu geben und das Bedürfnis nach Abgrenzung und Verweigerung ernst zu nehmen. Für das Kind ist es in jedem Fall ein erheblicher Fortschritt, daß es sich jemandem anvertraut.

Mit wem soll ich darüber reden? An welche Institutionen kann ich mich wenden oder weiterverweisen?

Ganz wesentlich ist die Frage nach den Grenzen von Schule, ein Kind angemessen betreuen zu können sowie die persönlichen Probleme von Lehrer/-innen, mit der eigenen Wut und Empörung umzugehen. Oft besteht die Gefahr, zu schnell zu reagieren, weil einzelne oder die Institution das Problem des Kindes nicht aushalten können. Es ist daher unbedingt erforderlich, sich innerhalb und außerhalb der Schule ein Netzwerk zu schaffen. Dazu gehören Ansprechpartner/-innen ebenso wie die Kenntnis über Beratungs- und Anlaufstellen in der Region. Es ist sinnvoll, sich rechtzeitig vor Ort zu informieren, noch bevor man mit einem konkreten Fall konfrontiert ist. Es ist wichtig und entlastend zu wissen, daß man sich Hilfe holen kann.

Hätte ich vielleicht früher etwas am Verhalten des Kindes erkennen können oder müssen, um eher handeln zu können?

Als sexuelle Gewalt gesellschaftlich noch stärker tabuisiert und auch mir aus meinem persönlichen Lebenshintergrund heraus kaum vorstellbar war, hatte ich bei Verhaltensauffälligkeiten von Kindern diese Möglichkeit so gut wie nie in Erwägung gezogen. Je mehr ich jedoch über die Verhaltensweisen sexuell mißhandelter Kinder erfuhr und zu wissen glaubte, desto aufmerksamer begann ich zu beobachten und desto mehr wurde ich verunsichert, weil mir immer mehr Kinder auffielen, die „Symptome" zeigten. Das Bedürfnis nach einer genauen „Diagnose" ist zwar nachvollziehbar, letztlich jedoch zweitrangig. Es geht vielmehr darum wahrzunehmen, daß mit einem Kind etwas nicht stimmt, daß es Hinweise auf eine Krise gibt. Wenn es meine Beziehung erlaubt, kann ich das Kind darauf ansprechen und meine weitere Gesprächsbereitschaft signalisieren. Mehr kann ich zunächst nicht tun. Falls ich eine sexuelle oder körperliche Mißhandlung vermute, so ist es wichtig, mir qualifizierten Rat zu holen. Diagnostik und Aufdeckung gehören nicht zu den Aufgaben von Lehrern/-innen. Manchmal dauert es seine Zeit, bis das Kind für sich abgewogen und entschieden hat, ob ich in bezug auf das belastende Problem vertrauenswürdig bin und Hilfe verspreche.

Die neuen Chancen im Umgang mit sexueller und anderer Gewalt liegen in einer allgemeinen Sensibilisierung für diese Themen. Abwiegeln und Verdrängung fallen inzwischen wesentlich schwerer. Viele Schulen haben bereits entsprechende Fortbildungs- und Informationsveranstaltungen durchgeführt. Dies sollte vor allem in Zusammenarbeit mit den örtlichen Beratungsstellen geschehen. Absichtliche und unbedachte anzügliche Bemerkungen seitens Kollegen gegenüber Schülerinnen haben meinem Eindruck nach inzwischen deutlich abgenommen. Ein unerwünschter Nebeneffekt besteht allerdings darin, daß auch viele „unbescholtene" Kollegen im Verhalten gegenüber Schülerinnen zunehmend befangen und verunsichert sind, da eine von Schülerinnenseite angedeutete sexuelle Belästigung für den betreffenden Lehrer zu einer fast vernichtenden Waffe werden können.

Gute Erfahrungen haben Schulen mit der Einrichtung von „runden Tischen" gemacht, wo Lehrer/-innen, Eltern und Schüler/-innen gemeinsam über Fragen von Gewalt in der Schule sprechen und Veranstaltungen organisieren. Diese Maßnahmen schaffen die vielleicht wichtigste Voraussetzung für eine erfolgreiche Bearbeitung dieser drängenden Problematik: ihre Kommunizierbarkeit.

Einer ganz neuen, aber eigentlich naheliegenden Perspektive schenke ich erst in jüngerer Zeit die gebührende Aufmerksamkeit: Bei aller notwendigen Beachtung und Fürsorge für die mißhandelten Kinder darf nicht vergessen werden, daß in unseren Klassen auch mögliche Mißhandler sitzen. Diese jungen Menschen sollten wir in unsere präventiven Maßnahmen miteinbeziehen, indem wir sie weniger das flammende Schwert unserer Vergeltung spüren lassen, als vielmehr unsere Gesprächsbereitschaft und die Anerkennung auch ihrer Not. Es wäre schön, wenn wir an unseren Schulen ein Klima erzeugen könnten, das es den Mißhandelten wie den Mißhandlern gleichermaßen ermöglicht, sich uns anzuvertrauen.

Möglichkeiten der Prävention

Kinder mit Behinderungen – wie können wir sie schützen?

Margaret Kennedy

Wenn es um sexuelle Mißhandlung geht, wird der Schutz behinderter Kinder auf vier entscheidenden Gebieten vernachlässigt: in dem diagnostischen Prozeß, in den therapeutischen Angeboten, bei Strafverfahren und bei der Vorbeugung.

In Großbritannien gibt es 360000 behinderte Kinder, in der Bundesrepublik leben 545000 Kinder und Jugendliche mit Behinderungen (Ergebnis der Behindertenstudie des Bundes in den alten Bundesländern 1984), und es gibt in bezug auf (sexuelle) Kindesmißhandlung so gut wie keinen Schutz für sie und ihre Familien.

Sie sollten systematische Vorbeugungsmaßnahmen genießen, doch eine Fülle von Vorurteilen verhindert dies.

Falsche Vorstellungen und Vorurteile sind:

1. Behinderte Kinder werden keine Opfer sexueller Mißhandlung, denn sie sind weniger attraktiv oder einfach bedauernswert.
2. Die sexuelle Mißhandlung behinderter Kinder macht nichts oder ist zumindest nicht so schlimm wie bei anderen Kindern, denn sie verstehen ohnehin nicht, was vorgeht, und/oder sie spüren es nicht.
3. Behinderte Kinder machen leichter Falschaussagen.
4. Es ist gar nicht möglich, die sexuelle Mißhandlung behinderter Kinder zu verhindern.
5. Es ist sinnlos, behinderte Kinder zu therapieren, weil sie nichts davon haben werden.

Durch diese falschen Vorstellungen und Stereotypen haben wir ein verwundbares Kind erst geschaffen. Unsere medizinischen und pädagogischen Maßnahmen zielen alle darauf ab, daß wir behinderte Kinder „normal" machen wollen: Taube Kinder sollen sprechen, lahme gehen. Die Botschaft an die Gesellschaft, an Eltern und an die Kinder selbst ist, daß Behinderung nicht akzeptabel ist. Wir vermitteln den Kindern, daß sie nicht „richtig" sind und wir sie richtig machen müssen. Sie sehen sich dementsprechend selbst als fehlerhaft und schlecht. Der/die potentielle Mißhandler/-in wird sich einem solchen Kind gezielt nähern, das kein Selbstvertrauen hat, einsam ist und sich ungeliebt fühlt.

Behinderten Kindern wird ihre Kraft genommen, weil unsere medizinischen und erzieherischen Maßnahmen auf Modellen von Vollständigkeit und Mangel statt auf solchen von Verschiedenheit beruhen. Und ein auf diese Weise geschwächtes Kind ist auch verletzbarer.

Es muß daher erste Priorität haben, Kinder mit Behinderungen als einzigartig zu sehen und ihr Anderssein positiv zu schätzen. So wird das Kind entscheidungsfähig und bekommt ein positives Selbstbild, Selbstvertrauen und Stärke. Es kann dann seine Umgebung beeinflussen, es fühlt sich erwünscht und entwickelt ein Gefühl für die eigenen Bedürfnisse, es wird ohne Vorbedingungen geliebt und umsorgt, und es ist fähig, seine Umwelt in Frage zu stellen.

Was ist Mißhandlung?

Wir verstehen, was körperliche, sexuelle und seelische Mißhandlung sowie Vernachlässigung bedeuten. Doch es fehlt eine Beschreibung von mißhandelndem Verhalten, wo speziell behinderte Kinder betroffen sind.

Einige dieser mißhandelnden Verhalten sind:

Erzwungene Nahrungsaufnahme,
Aussonderung,
Diskriminierung,
Festbinden an Stühlen,
Ruhigstellung,

Vorenthalten von Besuch,
Öffnen von Briefen,
Vernachlässigung der medizinischen Versorgung,
Mithören von Telefongesprächen.

Wir müssen unterscheiden zwischen dem Begriff von Mißhandlung, wie wir ihn bisher verstehen, und diesen neuen Formen.

Vorbeugung

Bei nichtbehinderten Kindern bauen Vorbeugungsmaßnahmen auf Selbstvertrauen und Selbstwertgefühl des Kindes, auf Bewegung, Sehen, Sprechen/Kommunikation und auf kognitiven Fähigkeiten auf. Viele behinderte Kinder aber haben wenig Selbstvertrauen und ein schlechtes Selbstwertgefühl. Die Prinzipien „sag nein", „lauf weg", „erzähl' es jemandem" verlieren bei behinderten Kindern ihre Bedeutung und Nützlichkeit. Ein Kind im Rollstuhl oder ein blindes Kind wird es schwer bis unmöglich finden „wegzulaufen". Wie soll ein Kind im Rollstuhl „weglaufen", wenn es mit dem/der Mißhandler/-in in einem geschlossenen Raum ist, dessen Türen nach innen aufgehen? Oder ein blindes Kind, das in seiner Panik gegen eine Säule oder Wand oder auf die Straße rennt?

Viele Kinder benutzen keine Worte, um sich auszudrücken. Sie verwenden Zeichen oder Symbole. Bei vielen Kindern geht die Behinderung mit einer Einschränkung in der Sprache oder der Kommunikation einher (Kennedy 1992), namentlich bei psychotischen, autistischen, tauben Kindern sowie bei Kindern mit Mehrfachbehinderung, mit Lernbehinderung und mit einer zerebralen Bewegungsstörung.

Kindern wird im allgemeinen außer dem „Sag nein" und „Lauf weg" noch beigebracht, daß ihr Körper ihnen gehört und sie einen persönlichen Bereich haben, den niemand anfassen darf. Das ist bei den behinderten Kindern, die oft eine umfassende körperliche

Betreuung durch eine andere Person brauchen, kaum durchzusetzen. Sie haben keinen privaten Bereich.

Eine Erwachsene, die in einem Krankenhausfahrstuhl mißhandelt wurde, sagt:

Es war das, was mir schon tausendmal geschehen ist, mit Ärzten und anderen Leuten: Sie mischen sich ein und reden und machen mit mir herum – als sei ich gar nicht da.

Sie glaubte nicht, daß ihr Körper ihr gehört – all die Krankenhauserfahrungen, sagt sie, haben den Übergriff vorbereitet.

Über Berührung zu sprechen heißt, Berührungen zu unterscheiden lehren: Was sind angenehme, was unangenehme Berührungen? Was sind gute und schlechte Berührungen? Doch was ist dann mit schmerzhaften ärztlichen Eingriffen? – Sie werden zu „schlechten" Berührungen – und was ist mit Kindern mit einer partiellen Störung in der Körperwahrnehmung, die Berührung überhaupt nicht spüren? Wie erklären wir behinderten Kindern das Thema Berührung, wenn Berührung für sie eine ganz andere Bedeutung, nicht selten eine lebenswichtige hat?

Auch Rollenspiele sind oft schwierig für behinderte Kinder, die völlig verwirrt und verängstigt sein können, wenn der geliebte Betreuer oder andere Kinder plötzlich den „Bösen" spielen. Und die Kinder, die den „Bösen" spielen, mögen das „wir tun so, als ob" nicht unbedingt.

Aufklärung bei behinderten Kindern existiert entweder gar nicht oder nur extrem rudimentär. Es scheint ein großer Widerwillen dagegen zu bestehen, mit diesen Kindern über Sex und Sexualität zu sprechen. Dadurch werden sie jedoch sehr verletzbar.

Zusammenfassend läßt sich zur Vorbeugung sagen: was wir in allen Institutionen, Heimen und Pflegeeinrichtungen brauchen, sind:

eine persönliche Pflege, die Vertrauen schafft und die Persönlichkeitssphäre wahrt;

Rechte für Kinder, die sie in die Lage versetzen, zu entscheiden und zu wählen;

eine Erziehung, die Selbstbewußtsein, Selbstwertgefühl und Vertrauen schafft;

eine gute Sexualerziehung;

vorbeugende Maßnahmen unter Berücksichtigung der besonderen Umstände bei behinderten Kindern.

Pflegepersonal, Lehrer und Eltern müssen gleichermaßen vorbeugende Maßnahmen ergreifen, so daß die Kinder alle Formen der Unterdrückung als solche erkennen und sie benennen, etwa das Nicht-wählen-Dürfen, Machtlosigkeit, das Verletzen der Privatsphäre und des Vertrauens.

Hilfe bei Kindesmißhandlung

In den meisten sozialen Diensten in Großbritannien ist bei Hilfen und Maßnahmen zum Schutz des Kindes das Problem von Behinderung *und* Mißhandlung kein Thema. Da behinderte Kinder nicht mißhandelt werden, so die Begründung, brauchen wir hier nichts anzubieten. Oder selbst wenn die Tatsache der Mißhandlung behinderter Kinder akzeptiert ist, wird argumentiert, daß behinderte Kinder eben in erster Linie Kinder seien und daher keiner speziellen Behandlung bedürften. Das heißt, daß Sozialarbeiter/-innen oder Pflegepersonal, die mit einem zehnjährigen sexuell mißhandelten Mädchen, das an einer zerebralen Bewegungsstörung leidet, zu tun haben, keinerlei Anleitung für die Beurteilung der Situation des Kindes und für therapeutische Maßnahmen haben.

Das behinderte Kind hat Schwierigkeiten, die Mißhandlung zu benennen, weil es einen schlechten Maßstab hat für gesellschaftliches Verhalten und Normen, für Richtig und Falsch. Selbst zwischen Pflegepersonal und Lehrer/-innen kann es Verständigungsschwierigkeiten geben. Anzeichen für eine Mißhandlung werden leicht der Behinderung zugeschrieben, oder dem Kind wird gar nicht geglaubt, oder es wird mißverstanden. Auch sind die Kinder isoliert – wie viele haben Zugang zu einem Telefon oder einer anderen Einrichtung für Hilferufe? Wo gibt es eine entsprechende Einrichtung für taube Kinder? Wir versuchen, den betroffenen Personen beizubringen, auffallende Anzeichen nicht der Behinderung zuzuschreiben. Denn immer wieder hören wir Erklärungen wie diese:

„Anzeichen für irgendein merkwürdiges Syndrom wahrscheinlich." (Aussage eines Kinderarztes; das mißhandelte Kind litt an einer sexuell übertragenen Krankheit.)

„Es ist doch bekannt, daß viele taube Kinder aus Frustration oder Einsamkeit masturbieren."

Ein großes Problem für mißhandelte *und* behinderte Kinder ist, daß es kaum Fachleute gibt, die sowohl im Bereich der Behinderung als auch im Bereich der sexuellen und körperlichen Mißhandlung Kenntnisse haben. Wer mit mißhandelten Kindern und ihren Familien arbeitet, weiß oft nichts über Behinderungen. Und wer mit behinderten Kindern arbeitet, weiß meist nichts über Mißhandlungen und wie man Kinder davor schützt. Deshalb befürworten wir vehement eine Zusammenarbeit von Fachleuten aus dem Bereich des Kinderschutzes und der Behindertenarbeit. Es ist ein schwieriger Prozeß, dahin zu kommen, und wir sind über das Stadium noch nicht hinaus, die Notwendigkeit dafür erkannt zu haben. Wir haben in Großbritannien begonnen, einen Katalog von Charakteristika des mißhandelten, behinderten Kindes aufzustellen, und wir haben begonnen, die Wahrnehmung bei den betroffenen Personen zu schärfen, ihre Stereotypen und vereinfachten Ansichten zu durchbrechen. Ich selbst habe innerhalb Großbritanniens viel Aufklärung betrieben, doch es gibt kein brauchbares Material zu dem Problemfeld Behinderung und Mißhandlung. Und im deutschsprachigen Raum ist die Situation ähnlich.

Die Reaktionen seitens des Kinderschutzes können sehr verschieden sein, wenn ein mißhandeltes Kind mit Behinderungen an sie überwiesen wird:

Panik: „Ich hatte noch nie mit einem behinderten Kind zu tun."

Wut: „Wer kann diesem armen Kind so etwas antun?"

Einvernehmen: Mitleid mit den armen Eltern, die sich so gut um ein „schwieriges" Kind gekümmert haben.

Diese Reaktionen, verbunden mit den falschen Vorstellungen und Stereotypen, macht ein effektives Arbeiten mit den Kindern unmöglich.

Wir leben in einer Gesellschaft, in der falsche Vorstellungen und fehlerhafte Sichtweisen über Mißhandlung und das behinderte Kind noch vorherrschen.

Wir haben Kinder mit niedriger Selbstachtung, wenig Selbstvertrauen und schlechtem Identitätsgefühl.

Wir haben mit Verständigungsschwierigkeiten und mit Lernschwächen zu tun. Und die ausgebildeten Helfer/-innen haben wenig Erfahrung mit dem doppelten Problem Behinderung und Mißhandlung, sie haben keine Hilfen, keine Ratgeber, keine Handlungsanleitungen.

Wie können wir behinderte Kinder schützen? Wir brauchen: Eine Änderung von Meinungen, Vorurteilen und falschen Vorstellungen;

diagnostische Möglichkeiten, um zu erkennen, wenn ein Kind (sexuell) mißhandelt wird;

vernünftige Einrichtungen;

Zugang zu den gerichtlichen Verfahren (viele behinderte Kinder werden nicht gehört, weil ihre Aussage als nicht verläßlich gilt);

effektive Vorbeugung;

geeignetes Material für Kinder;

Hilfe für die Fürsprecher der Kinder;

Empfehlungen und Handlungsleitlinien für Hilfeleistung bei körperlicher, seelischer oder sexueller Kindesmißhandlung.

Forschung und Weiterentwicklung

Wir müssen daran arbeiten, daß die Probleme und Tatsachen sichtbarer werden!

Wenn Sie sehen, daß irgendwo nicht genügend oder gar nicht auf die spezielle Situation von behinderten Kindern eingegangen wird, sagen Sie es, sagen Sie es allen, die professionell mit Kindern arbeiten.

Fragen Sie:

„Wieso haben Sie behinderte Kinder nicht in Ihr Programm integriert?

Was wissen Sie über behinderte Kinder?

Sind Sie dafür ausgebildet?"

Ich glaube, daß Kinder, die mehr im Licht der Öffentlichkeit stehen, sicherer leben.

Der Beitrag basiert auf einem Vortrag, den die Autorin auf dem 9. Internationalen Kongreß über Kindesmißhandlung und Vernachlässigung vom 29.8.–2. 9. 1992, Chicago gehalten hat.

Aus dem Englischen von Karin Hasselblatt

Mit Kindern über sexuelle Mißhandlung reden

Anne Knappe

In vielen Gesprächen, die wir mit Eltern führen[1], zeigt sich, daß Angst und Unsicherheit im Umgang mit dem Thema der sexuellen Gewalt gegen Kinder herrschen. Sexuelle Mißhandlung wird zwar in Zeitschriften und im Fernsehen häufiger aufgegriffen, meist aber bleibt der Zuschauer/die Zuschauerin schockiert und hilflos zurück. Informationen über den Umgang mit sexueller Mißhandlung, seien es Kontaktadressen oder Hinweise zur Vorbeugung, werden nur selten gegeben. Natürlich ist für uns die Vorstellung, daß sexuelle Mißhandlung tatsächlich auch im eigenen Bekannten- oder Verwandtenkreis vorkommen oder gar das eigene Kind betreffen könnte, beängstigend; die meisten Eltern fühlen sich hier sehr hilflos.

In der Arbeit mit Eltern wird deutlich, daß die meisten Eltern nicht mehr vom Klischeebild des fremden Triebtäters ausgehen, der den Kindern auf dem Schulheimweg auflauert und sie sexuell mißhandelt. Viele Eltern wissen darüber Bescheid, daß sexuelle

---

[1] Im Rahmen eines Projekts zur Prävention sexueller Mißhandlung an der Universität Bamberg arbeitete ich zweieinhalb Jahre mit Eltern und Kindern. Es wurden über 300 Eltern mittels Fragebogen bzw. Interviews befragt und auch mit Kindern über sexuelle Mißhandlung und deren Vorbeugung gesprochen.
Aufgrund der gewonnenen Erkenntnisse entwickelten wir ein Präventionsprogramm für Eltern und deren Kinder im Grundschulalter, das wir durchführten und überprüften.
An dieser Stelle möchte ich all denen danken, ohne die diese Arbeit nicht zustande gekommen wäre: Prof. Herbert Selg, Birgit Bauer, Melanie Brosowsky, Johannes Gramß, Ute Hörsch, Stephan Hußlein, Hanne Klier und Gabriele Schmid.

Mißhandlung meist im nahen sozialen Umfeld des Kindes passiert, daß vom Mißhandler eher psychischer Druck, Erpressung oder Bestechung als körperliche Gewalt angewendet wird und daß so sexuelle Mißhandlung häufig über einen längeren Zeitraum hinweg stattfindet.

„Deswegen habe ich immer noch keine Ahnung, wie ich mein Kind vor sexuellen Übergriffen schützen kann, im Gegenteil: Jetzt weiß ich überhaupt nicht mehr, ob und was ich meinem Kind erzählen soll."

So oder so ähnlich klingen die Probleme der Eltern. Ich möchte Wege aufzeigen, die es Eltern ermöglichen, mit ihren Kindern über sexuelle Ausbeutung zu sprechen.

Was kann das Gespräch über sexuelle Mißhandlung leisten und was nicht?

Viele Eltern betrachten das Gespräch über sexuelle Mißhandlung – so schwierig es ihnen zum Teil erscheinen mag – als *die* Methode der Wahl, ihr Kind vor sexuellen Übergriffen zu schützen.

Das Gespräch mit dem Kind über sexuelle Ausbeutung ist sicherlich wichtig, sollte aber nicht als eine Art „Schluckimpfung" verstanden werden. In dem Sinn: „Ich habe mit meinem Kind darüber geredet, jetzt ist es sicher vor sexuellen Übergriffen geschützt." Dies ist ein Trugschluß. Ein Kind kann nicht allein für seinen Schutz sorgen. Das liegt nicht zuletzt daran, daß sich ein Erwachsener in Ausnutzung des Machtgefälles zwischen ihm und dem Kind gegen das Kind durchsetzen kann, wenn er es will. Zu einer umfassenden und wirksamen Vorbeugung gehören verschiedene andere Aspekte, die sich in einer durchgängigen *Erziehungshaltung* gegenüber dem Kind ausdrücken. Ein Gespräch über sexuelle Gewalt ist nur im Zusammenhang mit einer solchen Erziehungshaltung für ein Kind förderlich. Zu dieser Erziehungshaltung gehören:

- *Selbstbestimmter Körperkontakt.* Es ist häufig zu beobachten, daß das körperliche Selbstbestimmungsrecht des Kindes nicht geachtet wird. Kinder lernen dadurch, daß Erwachsene über sie und ihren Körper verfügen dürfen. Eine vorbeugende Erziehung fördert den selbstbestimmten Körperkontakt des Kindes. Das heißt: Das Kind darf über seinen Körper selbst verfügen, es darf selbst bestimmen, von wem, wann und in welcher Art es angefaßt wird oder werden möchte.

- *Kein unbedingter Gehorsam gegenüber Erwachsenen.* Erwachsene sollen für Kinder hinterfragbar sein und Entscheidungen über das Kind ihm gegenüber auch begründen können. Das gegebene Machtgefälle zwischen Erwachsenen und Kindern soll nicht zusätzlich durch autoritäre Erziehungsformen vertieft werden.

- *Sich auf Gefühle verlassen/Gefühle achten.* Der „traditionelle" Umgang mit Kindern ist eher davon bestimmt, über Gefühle von Kindern hinwegzugehen („Das tut doch gar nicht weh."). Kinder lernen so, daß ihre Gefühle im Umgang mit anderen nicht ausschlaggebend und als wertlos zu betrachten sind. Eine vorbeugende Erziehung fördert Kinder in der Wahrnehmung ihrer Gefühle und ermuntert sie dazu, sich ihren Gefühlen entsprechend zu verhalten. Kinder brauchen darüber hinaus Menschen, mit denen sie auch über „schwierige" Gefühle (Scham, Traurigkeit) sprechen können.

- *Genügend Aufmerksamkeit und Zuwendung.* Kinder sind auf die Anerkennung und Zuwendung durch Erwachsene angewiesen. Dazu gehört auch ein Vertrauensverhältnis zwischen Eltern und Kind. Dieses Vertrauensverhältnis ermöglicht es Kindern eher, über unangenehme Dinge mit ihren Eltern zu sprechen.

- *Keine geschlechtsspezifische Erziehung.* Geschlechtsspezifische Erziehung beschränkt Kinder auf die Hälfte ihrer Möglichkeiten. Durch eine Erziehung, die auf die Vermittlung von Rollenklischees verzichtet, ist es Kindern möglich, sich eher entsprechend ihren Bedürfnissen zu verhalten; in jedem Fall erweitert sich ihr Verhaltensrepertoire.

- *Grenzen setzen können.* Durch die Erziehung zum Gehorsam ist es vielen Kindern nicht möglich, zu lernen, ihre Grenzen selbst zu bestimmen und Unerwünschtes oder Unangenehmes abzulehnen. Statt dessen lernen sie, daß ihre eigenen Grenzen kaum Bedeutung im alltäglichen Umgang mit anderen haben. Eine vorbeugende Erziehung ermutigt Kinder dazu, eigene Grenzen wahrzunehmen und sie als wichtig zu erachten. Kinder sind dabei auf Eltern angewiesen, die diesen Prozeß unterstützen (z. B. indem sie ihr Kind loben, wenn es sich selbstsicher verhält) und ihnen ein Vorbild für selbstsicheres Verhalten geben.

- *Gute Sexualaufklärung.* Häufig sind Kinder nicht gut und angemessen sexuell aufgeklärt. So können Kinder bestimmte Verhaltensweisen nicht einordnen und haben auch keine Sprache (Worte) für sexuelle Vorgänge, d. h., sie können sich nicht mitteilen. Eine gute Sexualerziehung vermittelt Kindern, daß Sexualität meist etwas Schönes und Natürliches ist. Sie vermittelt Kindern eine Sprache über sexuelle Vorgänge und informiert Kinder altersgerecht über Sexualität. Themen, wie z. B. Zärtlichkeit und Intimität sollten eingeschlossen sein.

Dieses sind Ansätze, um das Kind zu einem *selbstbewußten Menschen* zu erziehen, und das nicht nur im Hinblick auf die Gefahr vor sexuellen Übergriffen. Wir können davon ausgehen, daß selbstbewußte Kinder sich im Leben mehr entsprechend ihren Interessen und Bedürfnissen entfalten können (vgl. Clemes/Bean 1991). Eine solche Erziehungshaltung ist häufig nicht leicht zu verwirklichen: Sie fordert mehr von Eltern als die „traditionelle" Erziehung. Eltern müssen sich darüber im klaren sein, daß sie ihren Kindern selbst Modelle eines solchen Verhaltens vorleben. Dies bedeutet z. B. für eine Mutter, daß auch sie Grenzen setzen können muß, daß sie über Gefühle mit ihrem Kind spricht (auch über die eigenen!) und Unerwünschtes zurückweisen kann. Das ist natürlich nicht immer leicht, gerade weil viele der heutigen Eltern noch in anderem Geist erzogen wurden. Aber es reicht nicht, Kinder zu bestimmten Verhaltensweisen aufzufordern: Kinder brauchen Unterstützung und Vorbilder, um Verhalten dauerhaft lernen zu können.

Warum ist die der Erziehung zugrunde liegende Haltung so wichtig? Kinder lernen im Zusammenleben mit Erwachsenen bestimmte Regeln, die um so bindender für das Kind sind, je konsequenter sie vermittelt und erlebt werden. Wenn es zu sexuellen Übergriffen kommt, wenden Kinder diese im alltäglichen Umgang gelernten Regeln an. Für ein restriktiv erzogenes Kind könnten das folgende Regeln sein: Du mußt Erwachsenen folgen, darfst sie nicht hinterfragen, auch wenn du dich schlecht dabei fühlst. Der Erwachsene braucht auf deine Gefühle keine Rücksicht zu nehmen, es ist nicht wichtig, wie es dir dabei geht. Du mußt Unangenehmes für dich behalten, weil dir niemand glaubt oder Partei für dich ergreift etc. Daß sich ein solches Kind nicht widersetzen kann, ist ganz offensichtlich. Das bedeutet nicht, daß einschränkend erzogene Kinder „automatisch" zu Opfern werden und zum Selbstbewußtsein erzogene „automatisch" nicht. Aber die verschiedenen Erziehungshaltungen, die hier deutlich werden, beeinflussen die *Wahrscheinlichkeit*, daß sexuell ausbeutende Handlungen unterbleiben oder möglichst schnell unterbunden werden können:

Bei Befragungen von Männern, die Kinder sexuell mißhandelten, zeigt sich deutlich, daß sie sich v.a. *unsichere* Kinder als Opfer suchen, die *nicht widersprechen* und die *sozial isoliert* sind (Conte et al. 1989).

Die Erziehung zu Selbstbewußtsein steht daher im Mittelpunkt vorbeugender Ansätze. Das *Gespräch* über sexuelle Mißhandlung ist gegenüber dieser Erziehungshaltung zweitrangig.

Nachdem ich nun deutlich gemacht habe, was ein Gespräch *nicht* leisten kann, möchte ich im folgenden zeigen, warum es doch so wichtig ist, mit dem Kind über sexuelle Mißhandlung zu reden.

Es gibt eine ganze Reihe von Gründen, die dies veranschaulichen. Wenn man Kinder befragt, die sexuell mißhandelt wurden, so wird deutlich, daß viele von ihnen nicht genügend über sexuell ausbeutendes Verhalten wissen und dementsprechend unsicher sind (vgl. Finkelhor 1984; 1986).

Betroffene Kinder sagen, daß

- sie verwirrt und irregeführt wurden von der Behauptung des Mißhandlers, daß die sexuellen Handlungen in Ordnung und ganz normal seien;

- sie nicht wußten, daß sie ein Recht darauf haben, unerwünschte (sexuelle) Handlungen eines Erwachsenen zurückzuweisen;

- sie nicht annahmen, daß andere Erwachsene ihnen geglaubt hätten, wenn sie von den sexuellen Übergriffen erzählt hätten;

- sie nicht davon ausgingen, daß sie von anderen Erwachsenen gegenüber dem Mißhandler in Schutz genommen worden wären, wenn sie sich gegen die Übergriffe gewehrt und von der Mißhandlung erzählt hätten;

- sie sich völlig überrumpelt von dem Mißhandler gefühlt hatten, als dieser sich auf eine Weise verhielt, die sie niemals erwartet hätten und die sie nicht einordnen konnten;

- sie geglaubt hatten, sie seien das einzige Kind auf der Welt mit „so einem" Problem.

Diese Aussagen machen deutlich, wie wichtig *klare Informationen* für Kinder in bezug auf sexuelle Mißhandlung sind. Das Gespräch mit den Eltern dient darüber hinaus als *Modell* (Vorbild) dafür, daß man über sexuelle Gewalt reden kann. Eltern haben hier die Möglichkeit, ihrem Kind zu zeigen, daß ihnen das Problem sexueller Mißhandlung bekannt ist.

Es ist sehr wichtig, daß wir Erwachsene Kinder davon überzeugen können, sexuelle Übergriffe *weiterzuerzählen*. Dies ist eine der wesentlichsten Funktionen des Gesprächs. Die Ausprägung der Schädigung des Kindes durch sexuelle Gewalt hängt von verschiedenen Faktoren ab: Zum einen von Faktoren, die in der sexuellen Mißhandlung selbst begründet sind (Dauer, Vertrautheit des Mißhandlers, Handlungen etc.), zum anderen von der *Reaktion des Umfeldes* auf die Aufdeckung der Mißhandlung. Wenn sich das Kind einer dritten Person anvertrauen kann, ihm geglaubt wird, es Unterstützung bekommt und Maßnahmen eingeleitet werden, die Mißhandlung zu unterbinden, so ist – auch wenn bereits sexuell ausbeutende Handlungen stattgefunden haben – für das Kind ein erster großer Schritt in der Verarbeitung getan.

Was hat das Bild des Fremden, der Süßigkeiten an Kinder verschenkt, mit einer sinnvollen Prävention von sexueller Mißhandlung zu tun?

Die meisten Eltern, mit denen wir arbeiten, berichten uns von einer sehr eingeschränkten „Prävention", die sie selbst als Kind erfahren haben. Bei dieser Art der Vorbeugung wurde nahezu immer auf das Klischeebild sexueller Mißhandlung bezug genommen: Auf den Fremden, der auf dem Schulheimweg am Rande eines Dickichts wartete, in das er das Kind hineinzieht und unter Anwendung massiver körperlicher Gewalt sexuell mißhandelt.

Die Ratschläge, die meist gegeben wurden, waren: nicht mit Fremden zu gehen und keine Süßigkeiten von Fremden anzunehmen. Unklar blieb dabei meist, *was* der Fremde mit den Kindern tut. Eine solche Unklarheit erzeugt bei vielen Kindern Angst. Besser geschützt sind Kinder durch solche „Aufklärung" nicht, da sie nur einschüchternd und irreführend wirkt; die Kinder werden verunsichert. Falsche Informationen über sexuelle Mißhandlung, dazu oft noch in diffus beängstigender Form dargestellt, können nicht zu effektivem Schutz vor sexuellen Übergriffen führen.

Obwohl dies den meisten Eltern bei näherer Betrachtung unmittelbar einleuchtet, geben sie aus Ermangelung an anderen vorbeugenden Ideen diese Art der Warnung auch an ihre Kinder weiter.

Damit keine Mißverständnisse entstehen: Eltern müssen in mancher Hinsicht ihre Kinder warnen und ihnen entsprechende Verhaltensregeln mitgeben, um sie vor Gefahren zu schützen. So z. B. ist es sinnvoll, einem achtjährigen Mädchen zu erklären, sie solle die Tür nicht aufmachen, wenn es klingelt und sie allein daheim ist; klar muß dabei jedoch auch sein, daß eine solche Warnung mit dem Schutz *vor sexueller Mißhandlung* nichts zu tun hat.

Indem man auf das – für Eltern vielleicht leichter zu vermittelnde – Klischeebild des Fremden zurückgreift, der Kinder mit Schokolade lockt und sie entführt, wird den Kindern Angst gemacht; sinnvoll geschützt sind sie dadurch nicht. Insofern läßt sich die Frage „Was hat das Bild des Fremden, der Süßigkeiten verschenkt, mit sinnvoller Prävention zu tun?" leicht beantworten: nichts.

Das Gespräch über sexuelle Mißhandlung

Wer führt das Gespräch und zu welchem Zeitpunkt?

Eltern (und andere, dem Kind nahestehende Personen) halte ich deshalb für besonders geeignet, das Gespräch über sexuelle Mißhandlung zu führen, weil

- sie den Wissensstand ihres Kindes über Sexualität meist gut kennen (v.a. bei jüngeren Kindern) und deren Wortschatz bezüglich der Genitalien etc. kennen. Daher ist ein individuell geführtes Gespräch möglich;

- sie ihr Kind und dessen Reaktionen gut kennen. Sie können also oft die „Dosierung" solcher Informationen besser vornehmen als andere;

- sie dem Kind – wenn ein offenes und gutes Verhältnis zwischen Eltern und Kind besteht – immer für Nachfragen und weitere Informationen zur Verfügung stehen.

Das heißt jedoch nicht, daß ein solches Gespräch und andere vorbeugende Ansätze *nur* durch die Eltern vermittelt werden können. Die Zielgruppe der Eltern hat Stärken und Schwächen in der präventiven Arbeit (Finkelhor 1984; Berrick/Gilbert 1991). Prävention durch Eltern stößt dann schnell an ihre Grenzen, wenn Eltern sich nicht engagiert um ihre Kinder kümmern oder die Wichtigkeit des Themas nicht erkennen. Es gibt auch Eltern, v.a. Väter, die ihre Kinder sexuell mißhandeln (Draijer 1988; Russell 1983), nicht zuletzt manchmal unter dem Vorwand der Sexualaufklärung. Es wäre grotesk, von diesen Eltern eine Mitarbeit in der Prävention zu erwarten.

Eine Möglichkeit, diesen Ausfall in der Prävention etwas geringer zu halten, ist präventive Arbeit in Institutionen wie Schulen, Kindergärten und Heimen durch Erzieher/-innen, Lehrer/-innen etc. Diese können verschiedene Aspekte sexueller Gewalt mit Kindern besprechen und aufarbeiten; vieles von dem, was im folgenden für Eltern dargestellt wird, gilt ohne Einschränkung genauso für andere erwachsene Bezugspersonen von Kindern.

Eltern haben meist Hemmungen, mit ihren Kindern offen über Sexualität und erst recht über sexuelle Gewalt zu reden. Oftmals steht ihnen dabei ihre eigene restriktive Sexualerziehung im Weg. Es ist wichtig, daß Eltern auch hier ihre eigenen Grenzen erkennen und sich nicht zu sehr unter Druck setzen, es „besser" zu machen. Es ist zum einen durchaus möglich, dem eigenen Kind zu sagen, daß einem selbst ein solches Gespräch nicht leicht fällt; zum anderen kann jeder es durch Übung lernen.

Wir wissen, daß meist Mütter die Aufgabe übernehmen, ihre Kinder sexuell aufzuklären. Bei Befragungen von Eltern zeigt sich, daß auch über sexuelle Mißhandlung hauptsächlich die Mütter mit ihren Kindern sprechen. Natürlich liegt die Entscheidung, wer mit den Kindern darüber spricht, bei den Eltern. Trotzdem ist es wünschenswert, daß Väter ihre Verantwortung diesbezüglich ernst nehmen.

Kinder können auf diesem Weg lernen, daß beide Eltern Ansprechpartner für Sexualität und damit zusammenhängende Probleme sind. Beide Elternteile können Vorbilder im Umgang damit sein.

Da sexuelle Mißhandlung Jungen und Mädchen betreffen kann, ist es wichtig, sowohl mit Jungen als auch mit Mädchen darüber zu sprechen. Ob das Gespräch mit allen Kindern zusammen oder einzeln geführt wird, hängt von der bisherigen Handhabung bei der sexuellen Aufklärung und vom Altersunterschied der Kinder ab: Bei gemeinsamer Sexualaufklärung und nicht zu großem Altersunterschied kann das Gespräch gemeinsam stattfinden.

Häufig sind sich Eltern unklar darüber, zu welchem *Zeitpunkt* sie mit ihrem Kind über sexuelle Mißhandlung sprechen sollten. Manche Eltern warten – ähnlich wie einige Eltern bei der Sexualaufklärung – bis ihr Kind nach sexueller Mißhandlung fragt. Dies geschieht jedoch im Gegensatz zur sexuellen Aufklärung so gut wie nie, da sexuelle Gewalt entweder außerhalb des Vorstellungsbereichs des Kindes liegt oder ein Kind selbst davon betroffen ist.

Der Zeitpunkt muß also von den Eltern gewählt werden. Ich gehe davon aus, daß es sinnvoll ist, zu einem möglichst frühen Zeitpunkt mit dem Kind zu sprechen; dies hängt auch davon ab, wieviel das Kind bereits über Sexualität weiß. Da sich nicht alle Kinder in ihrer Entwicklung über einen Kamm scheren lassen, kann keine Empfehlung für „das beste Alter" für ein Gespräch gegeben werden. Als Richtlinie kann man von ca. sechs Jahren ausgehen, da sich in diesem Alter der Bewegungsradius des Kindes erhöht, es über Sexualität erste Informationen hat und auch über andere Themen Informationen erhält (z. B. Straßenverkehr), die es zum eigenen Schutz anwenden kann.

Gelegenheiten zu einem solchen Gespräch bieten sich häufiger, als man zunächst vielleicht annehmen mag. Im Grund stellt jeder einzelne Präventionsaspekt eine Möglichkeit dar, an die sich das Gespräch über sexuelle Ausbeutung anschließen kann, z. B.:

Selbstbestimmter Körperkontakt

„... und du darfst bestimmen, wer dich anfaßt. Weißt du, es gibt Kinder, denen ist mit dem Anfassen schon mal was ganz Komisches passiert, da möchte ich mal mit dir darüber reden ..."

Gefühle

„... und natürlich gibt es auch Gefühle, die einem unangenehm sind. Jemand fühlt sich nicht wohl in seiner Haut, z. B., wenn man sich schämt für etwas, was man gemacht hat oder was einem passiert ist, obwohl man das nicht wollte ..."

Sexualaufklärung

„... wie du sehen kannst, ist das was Schönes, wenn sich Menschen liebhaben, zusammen nackt sind und miteinander schmusen. Es kann aber auch sein, daß das nicht in Ordnung ist. Wenn z. B. der Mann versucht, die Frau zu küssen oder zu streicheln, ohne daß sie das auch will. Oder er sie dazu zwingt, ihn anzufassen. Manchmal gibt es auch Erwachsene, die das mit Kindern machen ..."

Im Grunde gibt es also genügend Gelegenheiten, ein solches Gespräch zu beginnen. Natürlich soll nicht jede sich bietende Gelegenheit dazu genutzt werden: Es reicht, wenn das Kind ab und zu Informationen über sexuelle Mißhandlung erhält. Achten Sie dabei auf Ihr Kind, ob es in diesem Moment für ein solches Gespräch bereit ist und wann es für den Augenblick genug darüber gehört hat.

Die Inhalte des Gesprächs

Vielen Eltern fehlt eine konkrete Vorstellung, welche Aspekte sie in einem derartigen Gespräch vermitteln sollten und auch, welche Wortwahl dabei angebracht ist.

„Ich wüßte nicht, mit welchen Worten ich das erklären soll. Irgendwie macht mich das selbst so sprachlos."

Auf solche Kommentare von Eltern treffen wir in unserer Arbeit häufig. Um diese „Sprachlosigkeit" zu überwinden und Anregungen für ein Gespräch über sexuelle Mißhandlung zu bekommen, sind im folgenden viele Beispiele angeführt. Diese Beispiele sind immer modellhaft zu verstehen. Letztendlich müssen solche Gespräche individuell abgestimmt werden.

Welche Informationen sollte ein Gespräch, trotz aller individuellen Anpassung an Eltern, Kinder und Zeitpunkt, haben?

Handlungen

Die erwähnten Handlungen sollten klar, aber nicht dramatisch oder gewaltsam dargestellt sein; es müssen nicht alle möglichen Formen sexueller Mißhandlung geschildert werden. Es reicht, wenn das Kind weiß, daß es sexuelle Ausbeutung von Kindern gibt. Die Grundinformation, die gegeben werden sollte, ist: Ein älteres Kind (bzw. Jugendlicher) oder Erwachsener faßt das Kind an seine Geschlechtsteile und/oder will vom Kind an den Geschlechtsteilen angefaßt werden.

„Manche Erwachsene machen mit Kindern etwas, das sie mit Kindern nicht machen dürfen. Zum Beispiel kann es sein, daß ein Mann ein Mädchen an der Scheide oder am Po anlangt oder verlangt, daß sich das Mädchen seinen Penis anschaut und ihn anfaßt."

„Der Erwachsene will, daß der Junge das Glied des Erwachsenen in die Hand nimmt und streichelt, oder der Erwachsene will das mit dem Glied des Jungen machen."

„Es ist nicht richtig, wenn jemand versucht, dem Mädchen in die Unterhose zu langen und seine Muschi zu berühren."

Bei der Beschreibung von sexuell ausbeutendem Verhalten ist eine *eindeutige*, jedoch nicht zu emotionale Bewertung günstig. Diese Bewertung hilft Kindern bei der Einordnung der Informationen.

Unklare Formulierungen, wie z. B. „da unten anfassen", sollten vermieden werden, da Kinder derartige Umschreibungen oft nicht konkret umsetzen können und daher vage bleibt, was gemeint war. In Befragungen von Eltern und deren Kindern zeigt sich, daß etwa die Hälfte der Kinder, mit denen nach Aussagen der Eltern über sexuelle Mißhandlung gesprochen worden war, dies bestätigen. Ich nehme an, daß ein großer Teil der gegebenen Informationen für die Kinder zu unkonkret war. Viele Eltern bestätigen auch, mit ihren Kindern nur „in Andeutungen" über sexuelle Mißhandlung gesprochen zu haben.

Mißhandler und deren Motivation

Von Eltern werden in solchen Gesprächen über sexuelle Mißhandlung meist Fremde genannt. Fremde machen tatsächlich einen sehr geringen Bruchteil unter den Mißhandlern aus (Draijer 1988), so daß das Kind diese Information nicht zusätzlich braucht (das Kind soll über sexuelle Mißhandlung nur die *wichtigsten* Informationen erhalten, nicht eine Auflistung aller Möglichkeiten).

Wir wissen, daß es den meisten Eltern schwer fällt, die *wahrscheinlichste* aller Möglichkeiten, nämlich den eigenen Bekannten- und Verwandtenkreis, vor dem Kind zu benennen. Kinder müssen jedoch die Information bekommen, daß es zu sexuellen Übergriffen seitens der Menschen kommen kann, die sie kennen.

„Das ist meistens jemand, den das Kind kennt. Es könnte auch jemand sein, der zu uns zu Besuch kommt. Weißt du, ich kann mir das im Moment auch nicht vorstellen, daß das jemand von unseren Bekannten und Verwandten macht. Aber wenn, dann wäre der nicht länger unser Freund."

„Die meisten Erwachsenen wollen, daß es Kindern gut geht. Es gibt nur ganz wenige, die Kinder auf diese Art anfassen. Aber das kann man leider niemandem von vornherein ansehen oder anmerken, auch nicht Menschen, die wir gut kennen. Deshalb ist es wichtig, daß du weißt, daß es das gibt und daß du dir das nicht gefallen zu lassen brauchst, egal, wer das macht."

Viele Kinder (v.a. ältere) wollen wissen, warum Erwachsene das tun. Vermeiden Sie dabei Erklärungen wie „die sind krank im Kopf" etc., da solche Erklärungen für Kinder oft nicht auf Menschen übertragen werden können, die sie kennen. Welches Kind kann sich schon ernstlich vorstellen, daß der eigene Onkel auf diese Art „krank" ist? Eine Erklärung könnte so aussehen:

„Ich verstehe auch nicht so ganz, warum so jemand das macht. Ich glaube, daß macht ihm Spaß (Lust) und er denkt dabei überhaupt nicht an das Kind; daß es ihm nicht gefällt oder daß es vielleicht Angst hat und das gar nicht will."

Weitererzählen/Geheimhaltungsdruck

Kinder brauchen Informationen darüber, was sie tun können, falls sie sexuell belästigt werden. Dabei sollte der Schwerpunkt nicht darauf gelegt werden, sich in der Situation zu wehren. Dies würde die meisten Kinder überfordern. Im Mittelpunkt soll das Verhalten nach der Mißhandlung stehen:

„Da kannst du sagen: Hör auf, ich will das nicht. Aber manchmal trauen sich Kinder das nicht, weil sie ganz durcheinander sind oder Angst haben. Das kann ich auch gut verstehen. Es gibt trotzdem Kinder, die sind hinterher ganz mutig und erzählen das weiter, was ihnen da passiert ist. Wenn dich jemand an deine Scheide langt oder anfaßt, daß es dir ganz komisch ist, möchte ich dir gern helfen. Darum ist es mir wichtig, daß du es erzählst. Ich glaube dir und ich helfe dir."

Eltern sollten sich dabei deutlich vor Augen halten, daß sie ihrem Kind hier ein *Versprechen* geben; dieses Versprechen müssen sie im Ernstfall auch einlösen. Aus unserer Arbeit mit Kindern wissen wir, daß Kinder häufig nicht die Sicherheit und das Vertrauen in ihre Eltern haben, daß ihnen „so etwas" geglaubt würde. Hier ist es notwendig, daß Eltern tatsächlich Überzeugungsarbeit leisten und hinter ihren Versprechungen auch stehen.

In bezug auf das Weitererzählen sollte verdeutlicht werden,

daß Mißhandler Kinder oft unter Druck setzen, nichts weiterzuerzählen. Dem Kind sollte klar gemacht werden, daß dieser Geheimhaltungsdruck nicht fair ist und ein Kind in einer solchen Situation in jedem Fall Hilfe braucht.

„... Auch wenn er dir verboten hat, etwas zu erzählen oder gesagt hat, daß du nichts verraten darfst oder dir was Schönes dafür geschenkt hat und gemeint hat, daß das euer Geheimnis ist. In dem Fall darfst du das schon weitererzählen, das ist kein Petzen. Es ist nicht fair, und das Kind fühlt sich schlecht dabei. Vielleicht sagt er auch, daß dir sowieso niemand glauben würde. Das stimmt aber nicht, weil ich und ..., wir würden dir auf jeden Fall glauben, da kannst du dich drauf verlassen."

Günstig ist es, nicht darauf zu bestehen, als Eltern die einzigen Ansprechpersonen zu sein. Kinder wenden sich manchmal zunächst an andere, um ihren Eltern Kummer zu ersparen. Deshalb ist es sinnvoll, mindestens eine zweite Person zu nennen, an die sich das Kind wenden kann.

Verantwortung für die Mißhandlung

Klar hervorgehoben werden muß, daß es nicht die Schuld des Kindes ist, wenn es Opfer sexueller Mißhandlung wird. Und zwar unabhängig davon, was es getan hat und ob es dafür etwas bekommen hat. Verdeutlichen Sie, daß der Erwachsene durch die sexuellen Übergriffe am Kind Unrecht tut und daß es der Fehler des Erwachsenen ist, wenn er ein Kind mißhandelt. Auch Erwachsene machen Fehler und verhalten sich manchmal sehr falsch.

„Erwachsene dürfen Kinder nicht einfach an der Scheide anfassen oder ihre Brust befühlen, weil es ihnen Lust macht. Wenn es aber passiert, dann ist es die Schuld des Erwachsenen, und das weiß er auch. Das Kind ist nicht schuld, egal was es gemacht hat oder ob es sich etwas hat schenken lassen. Auch wenn der Erwachsene etwas anderes behauptet. Es ist deshalb nicht fair, so etwas zu tun, weil der Erwachsene das Kind nur dazu benutzt, selber Spaß zu haben, das Kind ist ihm nicht wichtig."

Was Eltern häufig von einem Gespräch abhält

Wir stoßen neben der bereits erwähnten „Sprachlosigkeit" immer wieder auf ähnliche Argumente, die Eltern davon abhielten, ein Gespräch über sexuelle Mißhandlung zu führen.

- „Mein Sohn soll lernen, daß Sexualität etwas Schönes ist und ich habe Angst, daß das Sprechen über sexuelle Gewalt mit ihm dazu führt, daß er Sexualität abstoßend findet."

Informationen über sexuelle Mißhandlung sollten nicht das erste sein, was ein Kind über Sexualität erfährt. Kinder haben eine eigene Sexualität und sexuelle Neugier, der Eltern Rede und Antwort stehen sollten. Natürlich ist es am besten, wenn sie ihren Kindern Sexualität überwiegend als etwas Positives zwischen Menschen darstellen; deshalb sollten mögliche Probleme in Zusammenhang mit Sexualität jedoch nicht ausgeschlossen werden. Einige Eltern sprechen mit ihren Kindern nicht über sexuelle Gewalt in der Hoffnung, daß das eigene Kind niemals mit solchen Erfahrungen konfrontiert wird. Allein auf diese – natürlich verständliche – Hoffnung läßt sich ein umfassender Schutz für das Kind nicht bauen. Durch Gespräche über „heikle" Aspekte gewinnt das Kind an Orientierung und Sicherheit im Umgang mit Sexualität.

Eine Gewichtung der Informationen geschieht allein schon dadurch, daß es viele Gelegenheiten gibt, mit Kindern über schöne und spannende Seiten von Sexualität und Intimität zu sprechen; die Thematik der sexuellen Gewalt ist ein kleiner Teil, verglichen mit dem, was es über Sexualität sonst noch zu besprechen gibt.

- „Ich möchte nicht die (noch) heile Welt meiner Tochter mit so einem Gespräch zerstören ... deshalb weiß ich nicht, ob ich mit ihr über so etwas reden soll."

Natürlich ist es für ein Kind nicht einfach, zu erfahren, daß manche Erwachsene Kinder dazu benutzen, ihre sexuellen Wünsche zu befriedigen. Die Tatsache, daß eine solche Information ein stückweit die Unbekümmertheit des Kindes angreift, ist ein Problem aller „schwierigen" Themen, die Eltern mit Kindern besprechen. Es muß abgewogen werden zwischen dem Nutzen einer solchen Information für das Kind und den möglichen negativen Konsequenzen. Wozu ein solches Gespräch dient, habe ich bereits dargestellt. Trotzdem scheint es vielen Eltern leichter zu fallen, über den Tod, Kriege oder Umweltverschmutzung zu sprechen; sogar über Kindesentführung und Kindes*mord* sprechen Eltern anscheinend leichter als über sexuelle Ausbeutung. Dies spricht m. E. dafür, daß hier die Ängste und Unsicherheiten der *Eltern* zum Tragen kommen, nicht so sehr der Aspekt, ob Kinder dies verkraften.

Kinder haben ein Anrecht auf ein Stück „heile Welt", diese brauchen sie, um sich gemäß ihren Möglichkeiten entwickeln zu können. Es soll für Kinder nicht der Eindruck entstehen „Leben ist lebensgefährlich", sondern schwierige Situationen und problematische Verhaltensweisen sollen als solche erkannt und als zu lösen empfunden werden. So warnen wir Kinder z. B. auch davor, ihre Finger oder Gegenstände in Steckdosen zu stecken oder ohne zu schauen über die Straße zu laufen. Solche Informationen dienen dazu, daß sich das Kind in der Welt zurechtfindet und sich auch sicher fühlt.

- „Ich habe Angst, daß mein Kind zu mißtrauisch gegenüber Erwachsenen wird, wenn es erfährt, daß es sexuelle Gewalt an Kindern gibt."

- „Soll ich meine Tochter jetzt vor allen Männern warnen? Vor ihrem Lehrer, dem Pfarrer? Vor ihren Brüdern oder ihrem Vater?"

Häufig werden Bedenken gegen ein Gespräch über sexuelle Mißhandlung geäußert, die mit dem daraus entstehenden Mißtrauen des Kindes gegenüber Erwachsenen zu tun haben.

Ich hoffe, es ist deutlich geworden, daß es nicht um die Warnung vor bestimmten Personen geht, sondern um die vor *bestimmten Verhaltensweisen.* Eine konkrete Warnung vor bestimmten Personen in diesem Zusammenhang ist nur sinnvoll, wenn klar ist, daß es sich um jemanden handelt, der Kinder sexuell mißhandelt. Ansonsten dient die Aufzählung von Personen (z. B. alle männlichen Mitglieder der Familie und des Bekanntenkreises) nicht dazu, die Sicherheit des Kindes zu erhöhen:

– Es ist nicht möglich, *alle* in Frage kommenden Menschen aufzuzählen: Stellen Sie sich vor, Sie warnen Ihr Kind vor, sagen wir, 31 Menschen und der 32. wäre es, der das Kind mißhandelt.
– Eine Aufzählung würde das Kind einschüchtern und ihm vielleicht Angst machen; hilfreich ist dies in keinem Fall.

Kinder haben ein Recht darauf, sich auf die sie umgebenden Erwachsenen verlassen zu können. Sie sollten nicht zu stark verunsichert werden. Konzentrieren Sie sich bei der Darstellung auf *Verhaltensweisen,* die nicht angemessen sind.

- „Vielleicht kann meine Tochter dann nicht mehr schlafen oder hat dauernd Angst, wird ängstlich vor dem Leben."

Ein Wort zu der Angst, die möglicherweise durch ein solches Gespräch beim Kind entsteht: Wir Erwachsenen gehen oft leichtfertig davon aus, daß Kinder vor einem „richtigen" Gespräch mit den Eltern keine Informationen über sexuelle Mißhandlung haben. Das trifft oft nicht zu. Viele der Kinder, mit denen wir arbeiten, berichten uns von regelrechten Horrorvisionen durch Informationen, die sie von ihrer Umwelt über sexuelle Mißhandlung bekommen haben: Von Kinderfängern, die mit dem Lastwagen durch die Stadt fahren, Kinder entführen und umbringen etc. Wir Erwachsenen müssen uns wirklich damit auseinandersetzen, ob diese

Zerrbilder einem Kind nicht wesentlich mehr Angst machen als ein mit Bedacht geführtes Gespräch, in dem auch Hilfs- und Lösungsmöglichkeiten aufgezeigt werden. Hilfen stellen diese Schreckensvisionen für Kinder nicht dar.

Aus unserer Erfahrung in der Arbeit mit Kindern läßt sich sagen, daß Kinder im Grundschulalter einem Gespräch über sexuelle Gewalt gut gewachsen sind. Im allgemeinen zeigt es sich, daß es um so einfacher ist, mit Kindern über sexuelle Ausbeutung zu sprechen, je offener und unbefangener Kinder über Sexualität im Allgemeinen reden können. Die Wichtigkeit einer guten Sexualaufklärung wird hier einmal mehr deutlich. Natürlich sind Kinder beunruhigt, wenn sie von sexueller Mißhandlung erfahren. Oft beängstigen sie in diesem Zusammenhang jedoch auch Vorstellungen, die auf dem Klischeebild sexueller Mißhandlung beruhen. Durch ein Gespräch kann diese Beunruhigung aufgefangen werden. Darüber hinaus ist es möglich, Kindern klare und hilfreiche Informationen zu vermitteln.

Es nützt Kindern nichts, wenn wir ihnen gegenüber so tun, als gäbe es die Gefahr der sexuellen Gewalt nicht. Wir sollten daran denken, daß durch die Vermittlung von Klischeebildern und den daraus folgenden einschränkenden, angstmachenden und falschen Präventionsideen keine Sicherheit für Kinder entstehen kann. Durch realistische und möglichst offene Gespräche über dieses schwierige Thema können Eltern dazu beitragen, daß Kinder besser vor sexueller Mißhandlung geschützt sind.

Erste Schritte der Prävention in der Grundschule

Brunhilde Marquardt-Mau

Die sexuelle Mißhandlung von Kindern, die meist im unmittelbaren sozialen Umfeld und oftmals über Jahre hinweg erlitten wird, hinterläßt spürbare seelische Narben: Depressionen, Angst- und Isolationsgefühle, niedriges Selbstwertgefühl, Eß- und Schlafstörungen u. a. Mit zunehmender Dauer der sexuellen Mißhandlung, die meist im Vor- und Grundschulalter der Kinder beginnt, verselbständigen sich diese Symptome und eine Aufdeckung ihrer eigentlichen Ursachen wird immer schwieriger (vgl. Engfer 1993; Johns 1992).

Nicht zuletzt aus dem Wunsch heraus, den Leidensweg Betroffener zu verkürzen und Kinder erst gar nicht in eine bedrohliche Situation geraten zu lassen, hat man in den USA schon Anfang der 70er Jahre die Bedeutung einer frühzeitigen Prävention erkannt. Wie bei einem Grippevirus, vor dem man sich mit einer Impfung schützen kann, hoffte man Kinder mit Präventionswissen „impfen" zu können. Die Kinder sollen zwischen guten und schlechten Berührungen und Geheimnissen unterscheiden können, das Recht auf eigene Körpergrenzen und bestimmte Präventionsfertigkeiten wie z. B. „nein sagen", „schreien", „sich Hilfe holen" kennenlernen und wissen, daß niemals ein Kind die Schuld für die sexuelle Mißhandlung trägt. Durch diese fünf Grundelemente, die mit verschiedenen Medien (Video, Texte) und Methoden (Rollenspiel, Puppenspiel) in Präventionsmaterialien eingeflossen sind, erhoffte man sich eine „immunisierende" Wirkung bei den Kindern. Lehrerinnen und Lehrer in amerikanischen Schulen können inzwischen aus einer Fülle von ca. 400 Materialien, Comics, Malbüchern, Theaterstücken auswählen bzw. auf Mitarbeiter/-innen von Präventionsprogrammen oder -einrichtungen zurückgreifen, die das „heikle" Thema mit ihren Schülern und Schülerinnen behandeln. Millionen Kinder in amerikanischen Schulen werden auf diese Weise zur Zeit erreicht.

Dagegen führen die schulischen Präventionsbemühungen bei uns ein Schattendasein. Weder in den offiziellen Verlautbarungen, z. B. der Richtlinien und Lehrpläne, noch in der Lehrerausund -fortbildung wird bisher die Chance genutzt, durch die Entwicklung und Vermittlung angemessener Präventionskonzepte, das Leid von Kindern verringern zu helfen. Im Unterschied zum Mathematikunterricht, bei dem kaum ein/-e Lehrer/-in Unsicherheit über die eigene Aufgabe und Rolle verspürt und didaktische Konzepte und Materialien eine lange Tradition haben, betritt man bei der Prävention ein unsicheres Terrain. Das Problem der sexuellen Kindesmißhandlung wartet aber nicht vor den Schultüren auf den fernen Zeitpunkt, der für den langwierigen Prozeß einer adäquaten Konzeptentwicklung notwendig sein wird, sondern erfordert schon jetzt pädagogisches Handeln. Hilfe und Unterstützung suchen Lehrer/-innen bei den freien Beratungsstellen für Kinder und Familien z. B. des Kinderschutzbundes oder für Mädchen und vergewaltigte Frauen z. B. der Notrufgruppen, oder auch bei den inzwischen auch bei uns vorhandenen Präventionsmaterialien. Da diese Materialien jedoch in Anlehnung an die Präventionskonzepte der USA entstanden sind, sind sie ebenso kritisch zu betrachten.
Die folgenden Präventionsschritte laden Sie dazu ein – trotz vieler Unwägbarkeiten – sich in ein schwieriges pädagogisches Terrain zu begeben. Erste Meilensteine auf unserem Weg sind die bisherigen Präventionserfahrungen.

- **Sich mit traditionellen Präventionserfahrungen auseinandersetzen**

„Prävention" gegen sexuelle Mißhandlung hat in der Erziehung von Kindern eine lange Tradition. Sie besteht unter anderem

darin, Kinder vor dem „fremden Mann" zu warnen, der ihnen Bonbons anbietet, sie in das Auto oder hinter einen Busch lockt, verbunden mit einigen Verhaltensmaßregeln (nicht mitgehen, weglaufen etc.). Mit diesem über Generationen tradierten Modell der Abschreckung, von dem es in der Geschichte der Erziehung viele Spielarten gibt (vgl. z. B. die Warnungen vor dem „Schwarzen Mann"), sind wir alle mehr oder weniger aufgewachsen.

Dieses Modell scheint sehr hilfreich – zumindest für die Erwachsenen. Es ermöglicht ein Problem zu thematisieren, d. h. formal einer Fürsorgepflicht für die Kinder nachzukommen, ohne sich auf die prekäre Angelegenheit wirklich einlassen und sie benennen zu müssen.

Man überläßt es der Phantasie der Kinder, welche „schlimmen Dinge" die „Kindesentführer" oder „Mitschnacker" mit ihnen oder anderen Kindern anstellen könnten.

Auch in der Grundschule hat dieses Modell der Abschrekkungsprävention offiziell Einzug gehalten. So wurde das Thema „Gefahr durch falsche Kinderfreunde" bereits in den Kultusministerkonferenz-Empfehlungen zur schulischen Sexualerziehung von 1968 aufgegriffen. Die KMK-Empfehlungen zur schulischen Sexualerziehung von 1968 verankerten zum erstenmal die Sexualerziehung für die Grundschule, konzipierten sie als fächerübergreifendes Unterrichtsprinzip und ordneten sie sexualerzieherisch bedeutsamen Fächern zu; in der Grundschule dem Fach Sachunterricht.

Es ist naheliegend, daß Lehrer/-innen auf dieses ihnen bekannte Präventionsmuster zurückgreifen, wenn sie dem Thema – sei es als Folge von besonders spektakulären, in den Medien aufgegriffenen Fällen von Kindesentführung oder -mißhandlung, oder durch das Bekanntwerden eines „Mitschnackers" im eigenen Schulumfeld – nicht länger ausweichen können.

Der Fremde als Kindesmißhandler scheint – wie die Wurzeln eines weitverzweigten und nur schwer zu entfernenden Unkrauts – noch immer einen breiten Raum im Denken und pädagogischen Handeln von Lehrer/-innen und Eltern einzunehmen. Die traditionelle Form der „Prävention" erfüllt eine zweite Entlastungsfunktion für uns Erwachsene. Es ermöglicht uns die eigene Angst vor der Bedrohung der Kinder durch sexuelle Mißhandlung auch weiterhin aus der Familie auszulagern und sie sich nicht als denkbare Möglichkeit auch beim Partner, bei Verwandten oder Freunden zulassen zu müssen. Es sind immer die anderen.

Das Thema „falsche Kinderfreunde" erfaßt also nur einen Bruchteil der Thematik und lenkt von den eigentlichen und wesentlichen Gefährdungen der Kinder durch sexuellen Mißbrauch ab. Die Mißhandler stammen zum überwiegenden Teil aus dem unmittelbaren sozialen Nahbereich der Kinder: es sind Verwandte, Freunde, Väter und Stiefväter und in wenigen Fällen Mütter (vgl. Engfer 1993). Zahlreiche Indizien sprechen dafür, daß das Konzept der „falschen Kinderfreunde" die Kinder eher emotional irritiert und verängstigt und sie in ihrer Bewegungsfreiheit und Selbständigkeit einschränkt, als daß es zum Schutz der

Kinder vor der Mißhandlung durch einen Fremden beitragen kann:

- Wie sollen die Kinder in der Realität erkennen oder unterscheiden können, ob es sich um einen guten oder schlechten Fremden handelt? Wie sollen sie die Warnung vor Fremden mit der gesellschaftlichen Norm in Einklang bringen, wonach man Erwachsenen mit Höflichkeit und Freundlichkeit begegnen soll?
- Werden nicht stereotype Wahrnehmungen bei den Kindern erzeugt oder verstärkt, wonach alles „Fremde" etwas Bedrohliches ist?
- Wird nicht Mißtrauen erzeugt, das Kinder von möglichen Hilfspersonen abtrennt?
- Kann ein Kind geschützt werden durch ein Konzept, das nicht der realen Interaktion zwischen Mißhandlern und mißhandelten Kindern entspricht? Die Analysen von Täterstrategien z. B. hinsichtlich der Auswahl der Opfer zeigen, daß Mißhandler freundliche, vertrauensselige und verunsicherte Kinder aussuchen und stets darauf bedacht sind, daß das Kind ruhig bleibt: „Zuerst würdest du dein Opfer grob anfassen, damit es Angst bekommt ... dann das Opfer isolieren, so daß niemand sonst zur Stelle ist. Der nächste Schritt würde beinhalten, das Kind glauben zu machen, daß alles o.k. ist, so daß es nicht wegläuft und alles erzählt. Du kannst es davon überzeugen, daß daran nichts falsch ist oder ein Kind unter Druck setzen, nichts zu erzählen, ... indem man Gewalt oder Zwang einsetzt." (Conte et al. 1989, 298, Übers. der Autorin).

- **Sich mit eigenen Blockaden und Unsicherheiten auseinandersetzen und vorhandene Materialien unter die „Lupe" nehmen.**

Die Präventionsaufgabe kann den Lehrer/-innen nicht verordnet werden, sondern setzt die Bereitschaft voraus, sich persönlich mit dem Thema, eigenen Blockaden und möglicherweise eigenen Mißhandlungserfahrungen auseinanderzusetzen. Die besten Präventionskonzepte und -materialien sind zudem wirkungslos, wenn es den Lehrern/-innen nicht gelingt, aus einer oftmals dem

Problem der sexuellen Mißhandlung gegenüber empfundenen hilflosen Situation herauszukommen, an den eigenen pädagogischen Kompetenzen und Erfahrungen im Umgang mit Kindern anzuknüpfen und sich nicht durch vorgefertigte Präventionskonzepte „entmündigen" zu lassen. Die Empfehlung des amerikanischen Schulpsychologen J. J. Krivacska (1989, 35, Übers. der Autorin) als „erste(r) Präventionsschritt: Schau vorgefertigte Programme kritisch an" hat sicherlich auch ihre Gültigkeit für die bei uns erhältlichen Präventionsmaterialien.

Es mag nicht verwundern, daß sich diese Materialien mehr oder weniger stark an den amerikanischen Präventionselementen anlehnen. Eine solche „Adaptation" ist jedoch in mehrfacher Weise nicht unproblematisch:

- Unterschiedliche individuelle, kulturelle und gesellschaftliche Normen beispielsweise für die Intimität im sozialen Zusammensein der Familie oder in der Sexualität lassen die Übernahme von Materialien aus einem anderen kulturellen Kontext als fragwürdig erscheinen.
- Ein unterschiedliches System: In der BRD gibt es im Unterschied zu den USA keine Pflicht, eine vermutete Mißhandlung zu melden.
- Es gehört zu einer bis heute umstrittenen Frage, ob sich die in diese Präventionsbemühungen gesetzten Hoffnungen auch erfüllen lassen. Zwar können, wie einige Studien zeigen, Präventionsprogramme zu einem Wissenszuwachs (Arten der sexuellen Mißhandlung, Hilfe holen) auch über einen Zeitraum von einigen Monaten führen. Inwieweit die von den Kindern gelernten und verbal reproduzierten Verhaltensweisen auch in einer realen Mißhandlung angewandt werden können, bleibt jedoch offen.

  Ferner ist nicht auszuschließen, daß diese Art Prävention eine Reihe unerwünschter Nebeneffekte wie z. B. Irritationen im Gefühlsbereich und negative Assoziationen zur Sexualität haben können (vgl. Marquardt-Mau 1992; Berrick/Gilbert 1991).

- **Sich über die Präventionsaufgabe und die eigene Rolle vergewissern.**

Die Präventionsmaterialien schieben die Verantwortung für die Verhinderung der sexuellen Mißhandlung ausgerechnet derjenigen Gruppe zu, die das schwächste Glied in der „Mißhandlungskette" darstellt. Den Kindern wird oftmals mit rhetorischen Mitteln (Appelle) eine Stärke eingeredet, die sie im Alltag und in der realen Situation, beispielsweise einer problematischen Familiensituation, nicht haben. Wie glaubwürdig sind solche Materialien in einem gesellschaftlichen System, in dem es Kindern kaum erlaubt ist, „ungehorsam" zu sein? Welche Chancen hat ein betroffenes Kind, die Mißhandlung durch ein kräftiges „Nein" zu beenden, wenn der Mißhandler eine der wichtigsten Bezugspersonen des Kindes ist, die es überlebenswichtig braucht (vgl. Saller 1989)?

Prävention?

Es gehört zu einer schwer zu akzeptierenden Realität, daß die sexuelle Mißhandlung von Kindern innerhalb der Familie kaum durch kurzfristige schulische Präventionsmaßnahmen zu verhindern sein wird. Lehrer/-innen können aber – neben dem Elternhaus – dabei helfen,

- den Mißbrauch frühzeitig zu erkennen, indem sie ihre Rolle im Helfersystem und die Signale von betroffenen Kindern verstehen lernen (Sekundärprävention);
- durch eine frühzeitige, langfristige und angemessene Erziehung – sowohl im Hinblick auf eine mögliche Opfer- als auch Täterrolle – vorbeugend zu wirken (Primärprävention).

  Die folgende Tabelle (S. 151 ff.) ist keine Präventionscheckliste, die es Punkt für Punkt abzuhaken gilt, sondern sie zeigt wesentliche Elemente und Rahmenbedingungen und die Zielrichtung für die zukünftige schulische Prävention auf.

In den Bereich der *Sekundärprävention* fallen die für die meisten Lehrer/-innen dringendsten Fragen: „Wie kann ich erkennen, ob ein Kind sexuell mißhandelt wird? Wie kann ich mich vergewissern, daß ich keinen falschen Verdacht hege und überreagiere? Was tue ich, wenn sich ein Kind mir anvertraut?" Ein Kollegium sollte sich nicht erst dann, wenn Handlungsbedarf besteht, um Antworten auf diese Frage bemühen, sondern sich *vorher* über das örtlich abrufbare Helfersystem (Kinderschutz-Zentren, Beratungsstellen, Jugendamt, Kinderärzte, Schulpsychologen etc.) und über die Rolle von Lehrern/-innen darin informieren. Die Aufdeckung der sexuellen Kindesmißhandlung gehört *nicht* zu den Aufgaben von Lehrern/-innen, sondern in die Hände von geschulten Experten/-innen. Lehrer/-innen können aber beispielsweise in schulinternen Fortbildungen lernen, sensibel für die Signale mißhandelter Kinder zu werden, um sie dem Helfersystem zuzuführen und sie behutsam begleiten zu können.

Im Bereich der *Primärprävention* erscheinen – ähnlich wie bei der Gesundheits- und Drogenprävention – solche Bemühungen erfolgsversprechender, die nicht nur die alleinige Abwehr von Schaden (mißhandlungsspezifische Inhalte), sondern auch die Förderung einer positiven (psychosozial, sexuell) Entwicklung von Kindern im Blickfeld haben. Prävention ist dann mehr als eine kurzzeitige und vom übrigen Unterricht und Schulalltag abgelöste Intervention, nämlich ein langfristiger gemeinsamer Lernprozeß für die Kinder und Lehrer/-innen, zu dem verschiedene Lernbereiche in der Grundschule beitragen können. Neben Deutsch und Religion ist es vor allen Dingen der Sachunterricht, in den sich viele der wünschenswerten „Präventionselemente" integrieren lassen (vgl. Marquardt-Mau 1992). Prävention erfordert aber auch, den eigenen Umgang mit Kindern neu zu bedenken. Denn ein Unterricht, der beispielsweise in wenigen „Präventionsstunden" das Recht von Kindern auf eigene physische und psychische Grenzen propagiert, aber für eben dieses Recht der Kinder wenig Raum im Schulalltag läßt, führt sich selbst ad absurdum. Beide Aufgaben der Primär- und Sekundärprävention sind eng miteinander verzahnt. Konkret: Setzt ein/-e Lehrer/-in Präventionsmaterialien im Unterricht ein, so muß er/sie sich vorher über deren möglicherweise aufdeckende Wirkung und über dann notwendige Schritte im klaren sein.

Aufgaben und Qualifikationen von Lehrern und Lehrerinnen

Sekundärprävention

- Für Kinder in ihrer sozialen und emotionalen Entwicklung sensibel sein.
- Individuelle Problemlagen und Veränderungen von Kindern erkennen und benennen.
- Individuelle Veränderungen von Kindern in Hinblick auf mögliche Symptome/Signale bei der sexuellen Kindesmißhandlung erkennen und interpretieren.
- Betroffenen Kindern Hilfe und Unterstützung geben.
- Einrichtungen kennen, die Hilfen für sexuell mißhandelte Kinder und deren Familien bereit halten.
- Eltern ermutigen, sich bei vermuteter sexueller Mißhandlung Hilfe zu holen.

- Hilfeprozeß und Möglichkeiten der Krisenintervention kennen und in Gang setzen.
- Bei Teilnahme an Helferkonferenzen die eigene Rolle kennen.
- Sich selber Hilfe bei Kollegen/-innen und Beratungsstellen bei vermuteter sexueller Mißhandlung holen.

Primärprävention

- Wahrnehmen und Ausdrücken eigener Gefühle.
- Für die Identität von Kindern (auch der sexuellen) sensibel sein: wahrnehmen, akzeptieren, stützen.
- Ansprechpartner für die Fragen und Probleme der Kinder sein.
- Ein gutes Sozialklima in der Klasse herstellen.
- Partnerschaftlicher Lehrstil, ganzheitliche und handlungsorientierte Lernformen.
- Kindern Freiräume in der Schule schaffen, in denen sie Verantwortung übernehmen bzw. mitbestimmen können.
- Geschlechtsspezifische Erlebnis- und Wahrnehmungsweisen von Jungen und Mädchen beachten und in die Unterrichtsplanung einbringen.
- Mit Kindern über Sexualität reden können.
- Präventionselemente anlaßbezogen in den eigenen Unterricht einplanen, z. B.:
  - Anknüpfen an eine positive Sexualerziehung
  - Benennen, Bewußtmachen und Erleben von Gefühlen
  - Benennen, Einfordern und Respektieren von körperlichen und psychischen Grenzen

- anknüpfen an geschlechtsspezifische Sozialisationsmuster und Erfahrungen von sexuellen Übergriffen im Schulalltag
- individuell und kulturell unterschiedliche Vorstellungen über die Intimität im Familienleben. (Wie funktioniert das Zusammenleben im Familienalltag – welche Störungen und Belastungen kann es geben?)
- ganzheitliche Zugänge zum eigenen Körper
- mit Eltern zusammenarbeiten.

aus: Johns, J./Marquardt-Mau, B. (1992)

- **Mögliche negative Nebeneffekte für betroffene Kinder mitbedenken**

Für betroffene Kinder, die sich in einer zurückliegenden oder zur Zeit geschehenen Mißhandlungssituation nicht wehren konnten oder können, besteht die Gefahr, daß bei ihnen Präventionsmaterialien die folgende „heimliche Botschaft" vermitteln: „Wenn ich mich nicht so gut wehren kann wie die kompetenten Kinder der Geschichten oder Rollenspiele, so ist es meine Schuld." Da die sexuelle Mißhandlung von ihnen ohnehin als eigenes Versagen und eigene Schuld erlebt wird, kann sich das Leiden dieser Kinder zusätzlich verstärken.

- **Unangemessene Vereinfachungen vermeiden**

Die vielfach in den Präventionsmaterialien verwandten Elemente wie z. B. gute und schlechte Berührungen und Geheimnisse etc. vereinfachen, zerlegen und reduzieren das komplexe und sich dynamisch entwickelnde Problem der sexuellen Mißhandlung auf fragmentarische und „multiple-choice"-artig abzuhandelnde Präventionsbausteine. Die sexuelle Mißhandlung beginnt innerhalb der Familie sehr häufig im Zusammenhang mit Pflegehandlungen, aber auch von Zuwendungen und entwickelt sich über einen langen Zeitraum hinweg zu gravierenden Formen. Für die betroffenen Kinder ist es schwer, diese Handlungen schon zu Beginn als negativ oder als „schlechte" Berührung zu identifizieren. Dieser Prozeß müßte in den Präventionsmaterialien für die Kinder nachzuvollziehen sein.

- **An der kindlichen Sexualität anknüpfen**

Welche Auswirkungen kann z. B. die Unterscheidung der Materialien in gute und schlechte Berührungen bei den Kindern haben, wenn sie nicht an ihren eigenen sexuellen Erfahrungen anknüpfen können? Sie bleiben z. B. mit der Frage alleingelassen, ob die Berührungen beim „Doktorspielen" schlecht sind. Die Abtrennung der präventiven Arbeit von einer positiven Sexualerziehung läßt Kindern Sexualität als etwas ausschließlich Heimliches, Negatives und Gefährliches erscheinen und kann sie in der Entwicklung ihrer eigenen Sexualität behindern oder verunsichern. Das Einbeziehen einer positiven Sexualerziehung, die sich nicht in der Aufklärung über Zeugung, Schwangerschaft und Geburt erschöpft, sondern den Kindern das Wahrnehmen und Spüren ihres Körpers und ihrer Sexualität und das Sprechen über Sexualität ermöglicht und die „Erziehung zur Liebesfähigkeit" in den Mittelpunkt stellt, sind auch in präventiver Hinsicht mehr gefragt als je zuvor (vgl. Milhoffer 1988; Fagerström/Hansen 1989; Herrath/Sielert 1991). Denn wie die Therapeutin Helga Saller (1989, S. 29) konstatiert, „Erwachsene, die ein positives Bild von sich, ihrer Sexualität und ihrem Geschlecht und vor allen Dingen ihrem männlichen oder weiblichen Körper haben, haben es nicht nötig auszubeuten."

- **Phantasie für eigene Präventionswege entwickeln**

Anleihe kann die präventive Arbeit beispielsweise bei der symbo lischen Sprache der Märchen nehmen. Leicht und selbstverständlich vermögen sie in immer wiederkehrenden Variationen eine menschliche Grundwahrheit zu thematisieren, wonach Erwachsene und insbesondere Eltern nicht immer nur „gut" sind. Gefragt und empfehlenswert sind insbesondere solche Materialien, die der sensiblen Manier eines guten Kinderbuches

- die Interaktion zwischen Mißhandler und mißhandeltem Kind
- die reale Situation eines betroffenen Kindes im Familiensystem
- die geschlechtsspezifische Sozialisation, mit ihrem möglichen Einfluß darauf, daß sie Kinder zu Opfern machen kann
- die Rolle und die Rechte von Kindern in unserer Gesellschaft
- kulturell und individuell unterschiedliche Normen für die Intimität im sozialen Zusammensein der Familie

verstehen, in Präventionsinhalte einfangen und so aufbereiten, daß mögliche schädliche Nebeneffekte (wie z. B. gesteigerte Schuldgefühle bei betroffenen Kindern, negative Assoziationen zur Sexualität, Irritationen im Gefühlsbereich und in der Beziehung zu wichtigen Bezugspersonen) vermieden werden *können.*

Zusammenleben mit Kindern

Wege für Eltern, eine beschützende Beziehung mit ihren Kindern aufzubauen

Christa Marwedel und Ulrike Marwedel

Vor sexueller Mißhandlung gibt es wie vor anderen Gefahren im Leben eines Menschen keinen absoluten Schutz. Trotzdem stehen Eltern [1] vor der Frage, wie sie durch ihre Erziehung und ihr Verhalten ihren Kindern den größtmöglichen Schutz bieten können.

Unserer Meinung nach gibt es dafür zwei verschiedene Ebenen, auf denen sich diese beschützenden, vorbeugenden Maßnahmen abspielen. Zum ersten ist es wichtig, das Thema *direkt* und altersgemäß mit den Kindern in bezug auf ihre Lebenssituation zu besprechen. Zweitens gibt es bestimmte Grundprinzipien, nach denen wir die Beziehung zu unseren Kindern gestalten und unser Verhalten ausrichten. Diese Prinzipien sind uns im Alltag oft nicht bewußt und dennoch spielen sie in der Erziehung eine große Rolle. Die Kinder müssen sie sich schrittweise zu eigen machen, damit sie fähig werden, sich vertrauensvoll Hilfe von Erwachsenen zu holen.

Wenn wir im folgenden die unserer Meinung nach wichtigen Grundregeln skizzieren, verstehen wir dies als Denkanstöße, mit deren Hilfe Sie Ihr eigenes Verhalten überprüfen und neu überdenken können. Dabei ist uns bewußt, daß das, was wir schreiben, vorrangig für Familien gilt, in denen es noch nicht zu sexueller Gewalt gekommen ist. Die Grundregeln gelten generell für den Umgang mit Kindern, haben aber für den Schutz im Zusammenhang mit sexueller Mißhandlung eine besondere Bedeutung.

---

[1] Mit „Eltern" ist im folgenden gemeint: Alleinerziehende, Elternpaare und andere Sorgeberechtigte des Kindes.

Familien, in denen Kinder mißhandelt werden oder auch Situationen, in denen Kinder zu Opfern werden, haben gewisse strukturelle Gemeinsamkeiten:

- Geheimhaltung, Lügen, Unwahrheiten,
- Besondere Bedürftigkeit durch emotionale Vernachlässigung des Kindes,
- Mißachtung und Unsicherheit in bezug auf Körperlichkeit und Sexualität,
- Mangel an Abgrenzung (Verstrickung),
- Mangel an Information.

Aus diesen Gemeinsamkeiten kann man folgende Grundprinzipien ableiten.

Offenheit statt Geheimhaltung

Jede Familie hat ihre eigene Art und Weise, ob und wie sie Geheimnisse bewahrt. Dieser Modus, nach dem sich Familienmitglieder verhalten, durchzieht den gesamten Alltag. Es gibt z. B. Leugnen der Anwesenheit am Telefon, unwahre Erklärungen für das Fehlen am Arbeitsplatz, Ausreden für das Absagen von Verabredungen als ein verbreitetes, unreflektiertes Muster. Manchmal gibt es große Familiengeheimnisse: Der Großvater ist Alkoholiker, wird aber als herzkrank ausgegeben; die Ehe der Schwester scheitert, die Abwesenheit ihres Ehemanns wird mit Geschäftsreisen „erklärt".

In vielen Familien werden ganze Bereiche des Alltags und der Beziehungen zum Tabu erklärt („Über Geld redet man nicht."). Zu bestimmten Benimmregeln gehört es, ganze Themenbereiche, wie z. B. Religion oder Politik, nicht anzusprechen. Konflikte zwischen Eheleuten werden vor den Kindern verborgen. Wenn unsere Kinder uns fragen, reden wir uns heraus oder geben verkehrte, beschönigende Erklärungen. Wir lassen sie abends allein zu Hause und sagen ihnen nicht, daß wir weggehen.

Häufig verhalten wir uns auf diese Weise, ohne darüber nachzudenken, warum wir es tun, nur weil es in unserer Familie immer schon so war.

In vielen Familien wird sehr viel Energie darauf verwendet, Gefühle nicht zu zeigen. Die Mutter bemüht sich, ihren Ärger mit Fröhlichkeit zu überdecken. Der Vater ist gereizt, um nicht zu verraten, wie enttäuscht oder deprimiert er ist. Immer wenn wir in Beziehung zu anderen Menschen Bereiche ausgrenzen, leugnen oder anders darstellen, als wir empfinden, treten wir nicht wirklich in Kontakt zu unserem Gegenüber.

Kinder lernen durch Beobachtung, Anweisung und Nachahmung diese Verhaltensmuster. Sie lernen dadurch indirekt vor allem zwei Dinge:
- ihre Gefühle und Empfindungen nicht wahrzunehmen,
- ihre Wahrnehmungen nicht auszudrücken.

Ein Kind sieht, hört, empfindet einen Konflikt zwischen den Eltern. Wenn die Eltern so tun, als ob sie sich gut verstehen, hat das Kind nicht die Möglichkeit, sich zu dem Konflikt zu verhalten, z. B. darüber zu sprechen. Außerdem kann es sich fragen, ob das, was es wahrnimmt, eigentlich stimmt, ob es „seinen Augen trauen kann".

Die Wahrnehmungsfähigkeit des Kindes und damit eine wichtige Grundlage für die Denkfähigkeit wird nicht bestätigt, sondern gestört. Wer seiner Wahrnehmung nicht traut, traut seinen Gefühlen nicht und lernt nicht, seine Bedürfnisse zu empfinden. Wer seine Bedürfnisse nicht kennt, lernt auch nicht, sie auszudrücken. Wer seine Bedürfnisse nicht ausdrückt, kann in seinen Interessen übergangen und ausgebeutet werden. Ein Kind, das seinen Widerwillen gegen bestimmte Berührungen und körperliche Nähe spürt und gelernt hat, darüber nicht hinwegzugehen, wird sich eher verweigern können.

Wenn Kinder darin bestätigt werden, daß das, was sie sehen, hören und spüren, real ist und nicht Teil von Geschichten, werden sie in ihrer Denkfähigkeit unterstützt und lernen, zwischen Geschichten und der Realität zu unterscheiden. Viele kleine Kinder werden gerade durch magische „Erklärungen" verführt

(„Papa zeigt dir mal, wie sein Penis weint und lacht") und bedroht.

Erwachsene unterschätzen Kinder oft in ihrem Bedürfnis und ihrer Fähigkeit, die Realität zu erkennen und diese von magischen Geschichten zu unterscheiden. Deshalb wird häufig den Berichten von Kindern kein Glauben geschenkt: „Du erzählst ja wieder nur Geschichten". Erwachsene, die als Kind sexuell mißhandelt worden sind, schildern immer wieder, daß sie versucht haben, sich jemandem anzuvertrauen, ihnen aber nicht geglaubt wurde. *Kinder lügen nicht* von Natur aus. In Familien ist es daher notwendig, sehr genau darauf zu achten, was die Kinder erzählen und sie dabei sehr ernst zu nehmen. Auch dafür ist es wichtig, Realität und magische Welt zu trennen. Wenn ein Kind ganz offensichtlich und nachprüfbar nicht die Wahrheit sagt, geht es nicht darum, es zu bestrafen, sondern darum zu verstehen, warum es lügt: was es befürchtet, was es vermeiden will. Lügen von Kindern ist nicht der Ausdruck von Unmoral oder Bösartigkeit. Es ist vielmehr ein Zeichen von Angst und Unsicherheit und damit ein Notsignal. Eltern können durch liebevollen, offenen Umgang mit Konflikten zeigen, daß alle Gefühle, auch Wut, Trauer und Angst, erlaubt sind. Kinder, die lernen, diese Gefühle zu haben und zu zeigen, lernen auch, sich ihren Eltern anzuvertrauen und sich Hilfe zu holen, wenn sie etwas Beunruhigendes erleben. Schutz bedeutet in diesem Zusammenhang, die Wahrnehmungen der Kinder und ihre Äußerungen ernst zu nehmen:

- „Ich mag nicht immer von Tante … geküßt werden."
- „Onkel … will immer, daß ich zu ihm auf den Schoß komme."
- „Der Vater meiner Freundin ist mir unheimlich. Der ist immer so streng."
- „Karolin hat gesagt, ich darf euch nichts erzählen, das ist unser Geheimnis."
- „Herr S. will mir ein tolles Geheimnis zeigen. Er hat gesagt, ich bin sein Freund. Er will mir etwas ganz Kostbares zeigen. Das darf ich aber niemandem verraten."

Es sollte keine Geheimnisse für Kinder in diesem Alter vor ihren Eltern geben. Ein Nachbar darf nicht verlangen, daß ein Kind seinen Eltern etwas nicht erzählt. Bei sexueller Kindesmißhandlung ist häufig ein für das Kind reizvolles Geheimnis der Einstieg für einen Mißhandler, um zu dem Kind eine besonders „vertrauliche" Beziehung herzustellen. In diesem Beispiel wird auch noch ein anderer Effekt von Geheimnissen deutlich: Das Geheimnis schafft eine Grenze zwischen Mißhandlern und mißhandelten Kindern einerseits und wichtigen Vertrauenspersonen andererseits. Durch Geheimnisse werden Koalitionen gebildet und Beziehungen gespalten. Für die Aufrechterhaltung solcher Koalitionen sind wiederum Lügen und Halbwahrheiten notwendig. Für Familien, die ihre Kinder schützen wollen, gilt es also, Geheimnisse und damit Spaltungen und Koalitionen zu vermeiden. Kein Elternteil darf mit seinem Kind gegenüber seinem Partner Geheimnisse haben oder sein Kind bei Partnerschaftskonflikten ins Vertrauen ziehen, mit der Auflage „aber sag auf gar keinen Fall ihr/ihm etwas davon". Wenn man feststellt, daß dies in der eigenen Familie der Fall ist, sollte man dies auf jeden Fall mit seinem Partner besprechen. Eine andere Möglichkeit ist, sich Hilfe von erfahrenen Fachleuten zu holen. Auf diese Weise wird den Kindern auch deutlich: Es ist in Ordnung, Probleme zu haben, sie *zu zeigen,* und es gibt verschiedene Wege, seine Konflikte zu lösen; manchmal brauche ich dabei auch Hilfe.

Zuwendung statt emotionaler Vernachlässigung des Kindes

Wir alle brauchen Zuwendung und Kinder brauchen für ihren Wachstumsprozeß ganz besonders viel davon. Der „Hunger nach Zuwendung" ist ein ebenso starkes Bedürfnis wie der „Hunger nach Nahrung". In unserer Gesellschaft gibt es viele Formen von Zuwendung, die wenig anerkannt sind. „Lobe dein Kind nicht zuviel, sonst wird es noch übermütig!" Körperliche Zärtlichkeit, wie Umarmung, auf dem Schoß sitzen, wird als Zimperlichkeit oder

Verhätscheln angesehen und darf nicht gezeigt werden. Häufig wird Zuwendung und Fürsorglichkeit Verwöhnung genannt. Wünsche der Kinder nach Trost oder Verständnis (z. B. wenn ein sechsjähriges Kind nachts schlecht träumt) werden als Tyrannei gedeutet.

Manchmal sind Eltern auch auf Grund besonderer Umstände nicht in der Lage, ihrem Kind die Zuwendung zu geben, die es braucht:

- Die Eltern lassen sich scheiden und sind mit ihrem eigenen Konflikt beschäftigt.
- Ein Familienmitglied erkrankt schwer oder stirbt und alle befassen sich mit dem Kranken oder ziehen sich in Trauer zurück.
- Ein Umzug der Familie.
- Geburt von Geschwistern.

Ganz generell führen Trauer, Depression oder andere psychische Notlagen der Eltern, die auch durch wirtschaftliche Notlagen, drohende Arbeitslosigkeit etc. bedingt sein können, häufig zu einem Mangel an Zuwendung für das betroffene Kind.

Wenn Kinder aus solchen oder anderen Gründen den Hunger nach Zuwendung nicht von ihren Eltern oder Bezugspersonen befriedigt bekommen, verwenden sie sehr viel Energie darauf, von jemand anders oder auf andere Art und Weise Zuwendung zu erhalten. Dadurch kann das Kind „anfällig" werden für schädigende, ausbeutende Arten von Zuwendung, also auch für sexuelle Mißhandlung. Ausreichende, liebevolle Zuwendung und eine Atmosphäre der Akzeptanz in der Familie stellen deshalb einen größeren Schutz vor sexueller Mißhandlung dar. Ein Kind, das von seinen Eltern geliebt und anerkannt wird, ist „gesättigt". Einigen Eltern fällt es manchmal schwer, eines ihrer Kinder zu lieben und anzunehmen. Sie empfinden es als schwierig, ablehnend, weisen es selbst zurück und kritisieren es. Diesen Eltern empfehlen wir sehr, sich Hilfe zu holen und beraten zu lassen, damit sie und ihr Kind glücklicher zusammen leben können.

Das Kind wird selbstsicher, wenn seine wachsenden Fähigkeiten und eingeübten Fertigkeiten (z. B. in der Küche helfen, Radfahren usw.) anerkannt werden. Es erlebt dann, daß es für die Eltern von Bedeutung ist, daß sie daran interessiert sind, wie das Kind sich fühlt, was es braucht, was es beschäftigt und manchmal auch umtreibt (wie z. B. Fragen nach Tod oder Sexualität). In der Erfahrung der Zuwendung nimmt sich das Kind zunehmend selbst als Person wahr, fühlt sich in seiner Existenz bestätigt. Dies wird verstärkt durch Blickkontakt, aufmunterndes Zulächeln, Nicken und auch durch verbalen Zuspruch und kontinuierlichen direkten Austausch. Zuwendung heißt auch, daß ein Kind die körperliche Nähe erhält, die es braucht, daß dem Kind aber nichts aufgedrängt wird, was es nicht mag. Dazu gehört, daß das Kind nein sagen kann, wenn es z. B. nicht schmusen will, weil es etwas anderes tut oder die Art der Zuwendung nicht mag oder nicht von dieser Person. So können Kinder sicher unterscheiden lernen zwischen angenehmer und unangenehmer Zuwendung. Zuwendung bedeutet auch, daß sich die Eltern und Geschwister an Erfolgen mitfreuen oder Anteil nehmen und Trost geben, wenn das Kind Kummer hat. Wichtig ist hierbei, seine Gefühlsäußerungen, seinen Schmerz ernst zu nehmen und zwischen Jungen und Mädchen dabei keinen Unterschied zu machen.

Die Eltern müssen sehr genau auf die Einflußnahmen anderer achten. „Stell dich nicht so an!" rief ein fremder Passant einem weinenden kleinen Jungen zu, der mit dem Rad gestürzt war. Der Vater schritt sofort ein und verbat sich die Einmischung und das Herunterspielen der Schürfwundenschmerzen. Kinder fühlen sich durch die Parteinahme ihrer Eltern geschützt. Kinder sollen auch erleben, daß die Erwachsenen sie vor Überforderungen behüten und sie auf den verschiedenen Altersstufen vor Schmerzen bewahren (in die Kerzenflamme fassen, sich stechen, stoßen, schneiden usw.).

Zuwendung ist auch Aufmerksamkeit, wenn sich das Kind verändert, sich zurückzieht, viel außer Haus ist. Kinder, die zu Hause Hilfe zur Bewältigung schwieriger Aufgaben finden, werden auch um Hilfe bitten, wenn sie von jemanden bedrängt werden oder sich unsicher fühlen. Wenn die Kinder erleben, daß sie fürsorglich und beschützend behandelt werden, werden sie zunehmend selbstsicher und lernen mit der Zeit, für sich selbst schützend und fürsorglich zu sein. Auf diese Weise entwickeln Kinder sich zu Menschen, die sich selbst wahrnehmen, selbst schätzen, sich gut versorgen und sich zutrauen, ihr Leben zu meistern. In der positiven Zuwendung für wachsende Fähigkeiten und Fertigkeiten des Kindes erlebt es Wertschätzung und Bestätigung, entwickelt es das Gefühl für seine Bedeutung, seine Ganzheit. Es kann sagen „Hier bin *ich*!".

Respektvoller Umgang mit Körperlichkeit und Sexualität

In unserem Alltag erleben wir immer wieder, daß den körperlichen Bedürfnissen wenig oder gar keine Beachtung geschenkt wird. Wenn wir müde sind, trinken wir eine Tasse Kaffee, um wieder wach zu werden, anstatt uns auszuruhen. Wir verlangen von unseren Kindern Mittagsschlaf, weil *wir* müde sind, nicht etwa sie selbst. Wir geben dem Baby eine kleine Teeflasche, weil es quengelig ist und *wir* unsere Ruhe haben wollen, nicht weil es durstig ist. Viele Erwachsene lehnen ihren eigenen Körper ab, weil er zu klein, zu dick, zu dünn, zu haarig, zu ... ist. Körpergerüche, Körperausscheidungen werden von vielen Menschen als ekelhaft empfunden. Schmerzen und Krankheitszeichen gelten als abstoßend, beunruhigend und lästig und werden häufig so schnell wie möglich unterdrückt. Immer wieder bitten Eltern von zahnenden Kindern Ärzte oder Apotheker um betäubende Mittel.

Die Geschlechtsorgane werden mit abfälligen Begriffen bezeichnet. Alles, was mit der Sexualität des Kindes zusammenhängt, gilt als unaussprechlich. Sexuelle Äußerungen, wie z. B. Doktorspiele oder Masturbation, werden unterdrückt oder sogar bestraft. Vielfach besteht auch eine sehr große Unsicherheit über körperliche Vorgänge, wie z. B. den Zyklus der Frau oder die Erektion und den Samenerguß. Diese Mißachtung des Körpers und der Sexualität kommt in extremer Weise zum Ausdruck, wenn ein Kind sexuell mißhandelt wird. Durch die Mißhandlung wird es körperlich und seelisch schwer beschädigt.

Deshalb gehört zum Schutz vor sexueller Mißhandlung ein achtungsvoller Umgang mit dem Körper und der Sexualität. „Mein Körper gehört mir und ist wertvoll." Eltern, die sich für die Pflege und die Achtung des kindlichen und auch ihres eigenen Körpers in diesem Sinne einsetzen, vermitteln dem Kind das Gefühl, daß der Körper nicht verletzt werden darf und daß die Bemühung um seine Unversehrtheit, seine Gesundheit und Stabilität ein grundlegendes Ziel ist, das die Existenz erst möglich macht.

Kürzlich sagte eine Mutter zu ihrer fünfjährigen Tochter: „Du hast einen ganz heilen Körper und ich möchte nicht, daß du aus dieser großen Höhe auf die Steinfliesen springst, weil du dich verletzen kannst. Du kannst draußen im Gras springen."

Die Kinder entwickeln eine Wahrnehmung ihres Gesundheitszustandes und wissen sehr früh, wann sie sich krank fühlen, wenn sie müde werden und sich ausruhen müssen. Die achtjährige Sandra sagt ihrer Freundin, die mit ihr schwimmen gehen will, daß sie heute ganz müde ist und es lieber zu Hause gemütlich haben will. Ihre Mutter ist froh, daß sie so gut auf ihr Befinden geachtet hat, denn in der Nacht zeigt sich an beginnendem Fieber, daß sie krank ist. Zur liebevollen Pflege kranker Kinder gehört, daß die Eltern sorgfältig in der Arztwahl sind, behutsame, kinderfreundliche Haus- und Zahnärzte aussuchen und unnötige Schmerzen vermeiden.

Kinder spüren, wenn sie erschöpft sind, und ruhen sich von selbst aus. Sie legen sich manchmal entspannt auf den Fußboden, träumen im Sessel vor sich hin oder blättern in Bilderbüchern. Kleine Kinder kommen auf den Schoß und schmiegen sich an die Eltern oder großen Geschwister an. Zur Achtung des Körpers gehört, daß die Kinder genügend Schlaf und eine gesicherte Nachtruhe haben. Die Kinder nehmen auch wahr, wann sie sich gegen Kälte warm anziehen müssen oder wann sie zu dick angezogen sind. Einfühlsame Eltern sorgen für die richtige Einschätzung dieser Bedürfnisse. Kindern wird ihr Wert dadurch immer wieder bewußt. Das gilt auch für gesunde Ernährung und das Essen in einer warmen Atmosphäre ohne Zwänge und vorgeschriebene Mengen.

Kinder brauchen Möglichkeiten, draußen zu spielen, zu toben und Sport zu treiben. Wir erinnern aus unserer Kindheit das beglückende Körpergefühl beim Schlittern, Rodeln oder Eislaufen, die „Arbeit" im Sand am Strand oder den Badespaß im Schwimmbad oder am Meer. Je umfassender die positiven Körpererfahrungen von Kindern sind, die vor allem auf Freiwilligkeit und Selbstbestimmung beruhen, um so sicherer kennt das Kind seine Wünsche und Bedürfnisse und kann sie unterscheiden von dem, was ihm nicht gefällt, es verletzt und demütigt.

Kinder haben in verschiedenen Altersstufen das Bedürfnis, sich mit ihrem Körper auseinanderzusetzen, ihn mit Gleichaltrigen zu betrachten und zu erforschen und zu lernen, daß sie sich durch Selbstbefriedigung angenehme Gefühle verschaffen können. Sie brauchen verständnisvolle Erwachsene, die ihnen auch dieses Recht zugestehen und nicht aufgeregt und vorwurfsvoll über sie herfallen. Die Kinder müssen lernen, daß sie das alleinige Recht über ihren Körper haben. Sie können dann auch ihre Freunde stoppen, wenn sie bei anfangs angenehmer Balgerei Grenzen überschreiten.

Bernd ist im ersten Schuljahr und als er mit seiner Freundin Katrin spielt, fängt diese an, ihn zu kitzeln. Eine Weile lachen die Kinder. Plötzlich ruft Bernd „stop – ich mag nicht mehr, das fühlt sich nicht gut an!" Katrin mag nicht so recht aufhören, aber Bernd hat sich so entschieden gewehrt, daß sie sich fügt. Bernd erzählt, daß seine Eltern mit ihm und seinen Geschwistern verabredet haben, daß sie „stop" sagen, wenn sie aufhören wollen zu balgen, und daß dies von allen respektiert wird.

In der beginnenden Pubertät brauchen die Heranwachsenden die Unterstützung der Eltern, um mit den Veränderungen des Körpers klarzukommen. Je aufgeklärter und besser vorbereitet sie durch den Dialog mit den Eltern sind, desto weniger werden sie sich verunsichert fühlen. So wird den Jungen der erste Samenerguß nicht überraschen und das Mädchen auf die erste Regelblutung vorbereitet sein.

In dieser Zeit werden die Beziehungen in der Familie häufig schwieriger. Gespräche mit den Jugendlichen sind notwendig, aber leider oft von ihnen nicht erwünscht. Die Ablösungskonflikte bestimmen den Alltag. Die Jugendlichen strengen sich in Familien, die eng zusammenhängen, besonders an, um sich trennen zu können. Erste Liebesbeziehungen werden geknüpft, ersehnt und verloren. Die Jugendlichen brauchen Beratung bei der Suche nach einem Ort, wo sie Geschlechtsverkehr haben können. Sie müssen sorgfältig über Themen wie AIDS und Empfängnisverhütung informiert werden. Sie brauchen Trost bei Liebeskummer und manchmal auch die Erörterung von Partnerwahl-Problemen.

Die Wertschätzung des Körpers und seiner Funktionen, besonders der Sexualität, unterstützt Kinder und Jugendliche darin, Übergriffe als solche zu erkennen und sich Hilfe zu holen. Viele Eltern sind unsicher, ob und in welcher Weise sie mit ihren Kindern über das Problem „sexuelle Mißhandlung" sprechen sollen. Es ist ein Thema, über das Kinder sorgfältig und ihrem Alter entsprechend informiert sein sollten, weil nur informierte Kinder in der Lage sind, Gefahren zu erkennen und sich Hilfe zu holen.

Klare Grenzen statt Verstrickung

Im Zusammenleben mit unseren Kindern werden wir ständig mit Fragen konfrontiert, die auf das Setzen und die Aufrechterhaltung von Grenzen zielen: Alle Erlaubnisse und Verbote, alle Entscheidungen, wer für was zuständig ist, letztlich die Normen und Werte, nach denen wir uns verhalten, gehören dazu. In Familien, in denen Mißbrauch stattfindet, herrscht oft Unklarheit über die Art dieser Grenzen und/oder große Unsicherheit, *wie* die Familienmitglieder Grenzen ziehen und wer dazu berechtigt ist.

Nach unserer Auffassung über die Entwicklung der Kinder von

der Geburt bis zum selbständigen Erwachsenen haben die Eltern bestimmte Aufgaben:

Bei der Geburt ist das Kind vollkommen von seinen Eltern oder Betreuungspersonen abhängig. Die besondere Aufgabe und Leistung der Eltern besteht darin, den Wachstumsprozeß des Kindes so zu begleiten, daß es seinen Möglichkeiten und Fähigkeiten entsprechend die Freiheit hat, sich zu bewegen, die Umwelt zu erkunden und zu experimentieren. Gleichzeitig müssen die Eltern ihm aber auch Schutz geben und Grenzen setzen, damit es sein Erwachsenwerden gesund und erfolgreich meistert. „Was kann mein Kind selbst?", und „Wofür braucht es Unterstützung von den Eltern oder anderen?" sind zwei Fragen, die Eltern sich immer wieder stellen müssen. Die Kinder sind auf Begleitung und Betreuung durch Erwachsene angewiesen. (Zu den einzelnen Entwicklungsschritten siehe unser Buch „Ich mag mein Kind – mein Kind mag mich", Herder/Spektrum Band 4095.) Diese Aufgabe der Eltern macht eine Grenze in Familien sehr deutlich: Die Grenze zwischen Eltern und Kindern.

Kinder sind *keine* kleinen Erwachsenen. Die Eltern sind für das Heranwachsen und die Gesundheit der Kinder solange verantwortlich, wie die Kinder diese Verantwortung noch nicht selbst übernehmen *können*. Die Söhne und Töchter werden erst allmählich immer mehr zu Partnern. Keinesfalls ist es richtig zu sagen: „Meine Tochter ist meine kleine Frau" oder „Mein Sohn ist mein kleiner Mann. Er sorgt so gut für mich." In diesen Formulierungen kommt eine Verkehrung der Rollen zum Ausdruck, die für die Kinder belastend und für ihre Entwicklung schädlich ist. Kinder können und sollen keine Verantwortung für ihre Eltern übernehmen, besonders nicht für ihre Gefühle und Bedürfnisse. Leider erwarten viele Eltern dies jedoch *unbewußt* und bringen ihre Kinder damit in eine schwierige Situation: Ein Kind, das glaubt, es könnte verhindern, daß der Vater jähzornig wird oder die Mutter depressiv ist, paßt sich auf unangemessene Weise an die Bedürfnisse und Wünsche der Eltern an. Dabei stellt es häufig eigene wichtige Bedürfnisse und Rechte zurück, wie z. B. eigene

Gefühle zu haben (etwa Wut), wegzugehen, um mit Freunden zu spielen oder das Recht auf körperliche Unversehrtheit (bis zur Duldung sexueller Mißhandlung).

In vielen Familien entstehen diese Probleme dadurch, daß die Eltern mit den Kindern um die Befriedigung ihrer Bedürfnisse konkurrieren. Auch dies findet meistens unbewußt statt. In einer befriedigenden Eltern-Kind-Beziehung werden sowohl die Bedürfnisse der Kinder ernst genommen als auch die der Erwachsenen. Nur zufriedene Eltern haben auch zufriedene Kinder, die zu selbständigen und selbstbewußten Erwachsenen heranwachsen. Dieses Ziel stellt den wichtigsten Maßstab für die Regeln dar, die in einer Familie gelten. In diesem Zusammenhang spielt die Achtung der Eigenständigkeit der Kinder eine große Rolle. Dazu gehört auf jeden Fall die Respektierung eines Intimbereichs, den jedes Kind hat. Solange ein kleines Kind noch sehr abhängig ist, weil es gefüttert und gewickelt werden muß, ist dieser Bereich relativ klein. Eltern, die ihre Kinder zum Essen zwingen oder zu früh mit der Reinlichkeitserziehung beginnen, verletzen allerdings schon diesen Intimbereich. Mit zunehmendem Alter und wachsender Selbständigkeit wird der Bereich, über den das Kind verfügen kann und auch sollte, immer größer. Eltern müssen dabei immer wieder zwischen dem Bedürfnis der Kinder nach Schutz und Betreuung und dem Bedürfnis nach Selbständigkeit abwägen. Viele Eltern überprüfen ungefragt die Schulranzen ihrer Kinder, lesen Tagebücher und Briefe, räumen Schreibtischschubladen auf, kommen zu ihren heranwachsenden Kindern in die Toilette.

Das Respektieren von Grenzen drücken Eltern aus, wenn sie ihr Kind fragen und ihr Interesse deutlich machen, bevor sie den Schulranzen gemeinsam mit dem Kind aufräumen. Eltern können ihren Kindern die wichtigen Regeln der Körperpflege beibringen, so daß die Kinder sich selbst waschen und anziehen können. Ein Kind, das auf diese Weise respektiert wird, kann verletzende unangenehme Grenzüberschreitungen erkennen und sich eher Hilfe holen. Gerade diese Fähigkeiten sind besonders notwendig, um sich gegen sexuelle Mißhandlung zu schützen.

Für ihre eigene Familie können Sie sich durch folgende Fragen überprüfen: Welchen Intimbereich hat mein Kind? Welchen habe ich selbst? Wie zeigen wir uns gegenseitig, daß wir uns darin respektieren?

Häufig wird der Intimbereich der einzelnen Familienmitglieder nur indirekt und unausgesprochen gekennzeichnet, gerade im Hinblick auf die Sexualität. Die Grenzziehungen werden aber erst eindeutig und klar, wenn sie auch als solche bezeichnet werden. So kann man zu kleineren Kindern etwa sagen „Dein Penis, dein Hoden, dein Po, dein ganzer Körper ist dein ganz privater Bereich. Kein Erwachsener oder Älterer darf damit etwas machen. Wenn jemand es trotzdem versucht, wende dich an jemanden, dem du vertraust." Das Ehebett der Eltern stellt ebenfalls einen Intimbereich dar, über den die Kinder nicht unausgesprochen verfügen sollten. Ehepaare, deren Kinder sehr häufig zwischen den Partnern schlafen, oder die wegen der Kinder die Nacht getrennt verbringen, schützen ihren eigenen Intimbereich nicht genug.

Für die Klarheit der Grenzen ist es nicht nur notwendig, sie zu kennen, sondern auch zu wissen, wie diese Grenzen gezogen und aufrechterhalten werden. Abgrenzung wird in verschiedenen Verhaltensweisen sichtbar. Zu Beginn der Entwicklung fühlen sich viele Eltern mit ihrem Kind sehr eng verbunden. Wenn das Kind älter wird, ändert sich dies, und es treten immer häufiger Differenzen zwischen Eltern und Kind auf. Schon Kinder von etwas mehr als einem Jahr bekommen regelrechte Wutanfälle, wenn sie z. B. angezogen werden. Die Themen dieser Auseinandersetzungen ändern sich mit zunehmendem Alter. Die Eltern empfinden dies häufig als unangenehm oder auch als sehr schwierig. Trotzdem sind diese Konflikte für die Kinder außerordentlich wichtig: Das Kind drückt damit seine Eigenständigkeit und Abgegrenztheit gegenüber den Eltern, Geschwistern und anderen Menschen aus. Nur so kann es sich eigenständig fühlen. Darum sollten Eltern Kinder darin bestätigen und ihnen erlauben, nein zu sagen, anderer Meinung zu sein. Daß sie dabei auch lernen müssen, sich selbst und andere nicht zu verletzen, ist selbstverständlich. Ein offen und fair ausgetragener Streit ist für Kinder hilfreicher als oberflächliche Harmonie.

Im Umgang mit ihren erwachsenen Eltern können Kinder auch lernen, ihre Grenzen gegenüber Erwachsenen in angemessener Form deutlich zu machen. Dazu gehört die Erlaubnis, sich in manchen Situationen unangepaßt gegenüber Erwachsenen zu verhalten. Viele Kinder halten aus falsch verstandener Höflichkeit still, wenn ein Erwachsener, z. B. ein Lehrer, ihnen zu nahe tritt. Sich für seine Rechte einsetzen, Stellung nehmen, andere Meinungen gelten lassen heißt auch immer, sich abgrenzen. Eltern, die dies ihren Kindern vorleben und auch den Kindern gegenüber tun, vermitteln ihnen eine wesentliche Grundlage dafür, sich selbst wichtig zu nehmen und sich gegenüber anderen zu behaupten.

Literatur

Sexuelle Mißhandlung an Kindern

Deblinger, E. / McLeer, S. V. / Atkins, M. S. / Ralphe, D.; Foa, E.: Post traumatic Stress in sexually abused, physically abused and nonabused children. Child Abuse & Neglect, 13 (1989), S. 403–408.

Deutscher Kinderschutzbund, Bundesverband (Hrsg.): Zum CAPP-Programm, DKSB Standpunkte Hannover 1991.

Draijer, N.: Die Rolle von sexuellem Mißbrauch und körperlicher Mißhandlung in der Ätiologie psychischer Störungen bei Frauen. System Familie, Bd. 3, 1990, S. 59–73.

Fürniss, T.: Diagnostik und Folgen von sexueller Kindesmißhandlung. In: Die Frauenministerin des Landes Schleswig-Holstein / Kinderschutz-Zentrum Kiel (Hrsg.): Sexuelle Mißhandlung von Kindern. Dokumentation der Fachtagung 1989, S. 14–19. Kiel 1990.

Johns, I.: Eine Langzeitgruppe für sexuell mißhandelte Kinder – auf dem Wege wieder Kind zu sein. Deutsche Krankenpflegezeitschrift, Heft 8, 45 (1992), S. 544–547.

Johns, I. / Marquardt-Mau, B.: Sexual abuse of children and its prevention in primary schools. Paper presented at: 4th. European Congress On Child Abuse and Neglect, Padua Italy 28th–31st March 1993.

Johns, I. / Mohr, I.: Kinderschutz als Medienthema? Pro Jugend, Heft 2, 1993, S. 25–28.

Lamers, F.: Diagnostik, Aufdeckung und therapeutische Arbeit bei sexueller Mißhandlung von kleinen Kindern. Unveröffentlichter Vortrag gehalten auf der Fachtagung des Kinderschutz-Zentrums Kiel am 6. 08. 1992 in Kiel.

Rutschky, K.: Erregte Aufklärung. Kindesmißbrauch: Fakten und Fiktionen, Hamburg 1992.

Stein, J. A. / Golding, J. M. / Siegel, J. M. / Burnam, M. A.; Sorensen, S. B.: Long-term psychological sequelae of child sexual abuse. In: Wyatt, G. E.; Powell, G. J. (Hrsg.): Lasting effects of child sexual abuse, London 1988, S. 135–154.

Teegen, F. / Beer, M. / Parbst, B. / Timm, S.: Sexueller Mißbrauch von Jungen und Mädchen. Psychodynamik und Bewältigungsstrategien. In: Heid; Ge-

genfurter; Keuken (Hrsg.): Sexueller Mißbrauch an Kindern und Jugendlichen. Diagnostik, Krisenintervention, Therapie, Essen 1992.

Sexuelle Kindesmißhandlung in der Familie

Dahm, M.: Sexuelle Kindesmißhandlung in der Familie. Beratung und Unterstützung für die Mutter. In: Frauen im Aufbruch, Kiel 1991.

David, K.-P.: Die therapeutische Arbeit mit Mißhandlern und ihren Familien, in: Johns, Kirchhofer, Kupffer (Hrsg.): Nicht länger Opfer sein – Folgen von sexueller Kindesmißhandlung. Aus der Arbeit des Kinderschutz-Zentrums Kiel, Neumünster 1993.

Fürniss, T.: Diagnostik und Folgen von sexueller Kindesmißhandlung, in: Die Frauenministerin des Landes Schleswig-Holstein, Kinderschutz-Zentrum Kiel (Hrsg.): Sexuelle Mißhandlung von Kindern. Dokumentation der Fachtagung Sexuelle Kindesmißhandlung (1989), Kiel 1990.

Johns, I.: Drei Jahre Modellprojekt: „Sexuelle Mißhandlung von Kindern im familiären Umfeld", in: Die Frauenministerin des Landes Schleswig-Holstein, Kinderschutz-Zentrum Kiel (Hrsg.): Sexuelle Mißhandlung von Kindern. Dokumentation der Fachtagung Sexuelle Kindesmißhandlung (1989), Kiel 1990 a.

Johns, I.: Sexuelle Kindesmißhandlung in der Familie und deren Folgen. In: Sexuelle Mißhandlung an Kindern – Psychiatrisierung als Konsequenz? Brükken-Schlag, Heft 6, Neumünster 1990 b.

Larson, N. R.: Familientherapie in Inzestfamilien, in: Backe, L. / Leick, J. et al. (Hrsg.): Sexueller Mißbrauch von Kindern in Familien, Köln 1986.

Saller, H.: Sexuelle Ausbeutung von Kindern. In: Deutscher Kinderschutzbund, Bundesverband (Hrsg.): Sexuelle Gewalt gegen Kinder, Hannover 1987.

Ist mein Kind sexuell mißhandelt?

Backe, L. et al.: Sexueller Mißbrauch von Kindern in Familien, Köln 1986.

Beiderwieden, J. et al.: Jenseits der Gewalt, Frankfurt 1990.

Bernecker-Wolff, A. / Wolff, R.: Sexuelle Mißhandlung und Sexualpolitik, in: Sozial-Extra, Dez. 1990, Wiesbaden.

Besems, Th. / Vugt, G. van: Wo Worte nicht reichen, München 1990.

Bruner, J. Cole / Lloyd, M. / Kempe, R. S. / Kempe, C.: Kindesmißhandlung, Stuttgart 1980.

Conen, M.-L.: Die zweite Traumatisierung durch Helfersysteme in: Kontext-Zeitschrift für Familientherapie, Nr. 23/Jan. 1993.

Engfer, A.: Kindesmißhandlung, Stuttgart 1986, S. 111 ff.

Gegenfurtner, M. / Keukens, W. (Hrsg.): Sexueller Mißbrauch an Kindern und Jugendlichen, Essen 1992.

Hirsch, M.: Realer Inzest; Berlin 1987.

Olbing, H. et al.: Kindesmißhandlung, Köln 1989.
Rutschky, K.: Erregte Aufklärung, Hamburg 1992.
Trepper, T. S. / Barett, M. S.: Inzest und Therapie, Dortmund 1991.
Wellershaus, P.: Glaubhaftigkeit kindlicher Zeugen, in: Psychomed. 4/1992.
Ziegler, F.: Kinder als Opfer von Gewalt; Freiburg i. Br. 1990.

Was erwartet Familien auf dem Weg der Hilfe?

Bruder, K.-J. / Richter-Unger, S.: Monster oder liebe Eltern? Sexueller Mißbrauch in der Familie, Berlin 1993.
Fürniss, T.: The Multi-Professional Handbook of Child Sexual Abuse, London 1991.

Therapie mit sexuell mißhandelten Kindern

Burgess, A. W. / Grant, C. A.: Children traumatized in sex rings. National Center for missing and exploited children. Washington 1988.
Conte, J. R. / Schuerman, J. R.: Factors associated with an increased impact of child sexual abuse, in: Child Abuse and Neglect, 1987, vol. 11, S. 201–211.
Finkelhor, D. / Browne, A.: The traumatic impact of child sexual abuse: a conceptualization, in: American Journal of Orthopsychiatry, 55, 1985, S. 530–541.
Johns, I.: Eine Langzeitgruppe für sexuell mißhandelte Kinder: auf dem Wege, wieder Kind zu sein. Vortrag gehalten auf dem 8. Internationalen Kongreß über Kindermißhandlung und Vernachlässigung, Hamburg, 2.–6. September 1990 (unveröffentlicht).
Lamers-Winkelman, F.: Psychomotorische Merkmale sexuell mißbrauchter Kinder und Möglichkeiten der Kindertherapie, in: M. Gegenfurtner & W. Keukens (Hg.): Sexueller Mißbrauch von Kindern und Jugendlichen. Essen 1992.
Watzlawick, P. / Beavin, J. H. /Jackson, D. D.: Pragmatic of human communication, New York 1967.

„Das darf kein Papst, kein Lehrer, kein Nachbar, niemand darf es"

Horton, A. L. / Johnson, B. L. / Roundy, L. M. / Williams, D. (Hrsg.): The incest perpetrator, a family member no one wants to treat, London ^{2}1990.

Kinder mit Behinderungen – wie können wie sie schützen?

Kennedy, M.: Not the only way to communicate: A challenge to voice in child protection work, Child Abuse Review Vol. 1, S. 169–177 (1992).

Mit Kindern über sexuelle Mißhandlung reden

Berrick, J. D. / Gilbert, N.: With the best of intentions: the child sexual abuse prevention movement, New York 1991.

Braun, G.: Ich sag' nein. Arbeitsmaterialien gegen den sexuellen Mißbrauch an Mädchen und Jungen, Mülheim 1989.

Clemes, H. / Bean, C.: Selbstbewußte Kinder – Wie Eltern und Pädagogen dazu beitragen können, Reinbek 1991.

Conte, J. R. / Wolf, S. / Smith, T.: What sexual offenders tell us about prevention strategies. Child Abuse and Neglect (1989) 13, 293–301.

Draijer, N.: Seksueel Misbruik van Meisjes, Amsterdam 1988.

Finkelhor, D.: Child sexual abuse: New theory and research. New York 1984.

Finkelhor, D.: (Hrsg.): A source book on child sexual absuse. Beverly Hills 1986.

Knappe, A. (im Druck): Prävention von sexuellem Mißbrauch: Möglichkeiten und Grenzen in der Arbeit mit Eltern und Kindern. In: *Schubbe, O.* (Hg.). Therapeutische Hilfen gegen sexuellen Mißbrauch an Kindern.

Russell, D.: The incidence and prevalence of intrafamilial and extrafamilial sexual abuse of female children. Child Abuse and Neglect, 1983.

Erste Schritte der Prävention in der Grundschule

Braecker, S. / Wirtz-Weinrich, W.: Sexueller Mißbrauch von Mädchen und Jungen. Interventions- und Präventionsmöglichkeiten, Weinheim, Basel 1991.

Braun, G.: Ich sag' nein. Arbeitsmaterialien gegen den sexuellen Mißbrauch an Mädchen und Jungen, Mülheim 1989.

Berrick, J. / Gilbert, M.: With the best of intentions. The Child Sexual Abuse Prevention Movement, New York/London 1991.

Conte, J. R. / Wolf, S. / Smith, T.: What Sexual Offenders Tell us about Prevention Strategies, in: Child Abuse and Neglect 13 (1989).

Engfer, A.: Kindesmißhandlung und sexueller Mißbrauch, in: Markefka / Nauk: Handbuch der Kindheitsforschung, Neuwied 1993.

Fagerström, G. / Hansson, G.: Peter, Ida und Minimum. Ravensburg 1989.

Herrath, F. / Sielert, U.: Lisa & Jan, Weinheim 1991.

Johns, J.: Sexuelle Mißhandlung an Kindern. Zahlen – Fakten – Hintergründe, in: Lauterbach et al. (Hrsg.): Brennpunkte des Sachunterrichts, Kiel (IPN) 1992, S. 169–175.

Johns, J. / Marquardt-Mau, B.: Sexual Abuse of Children And Its Prevention In Primary Schools – Development And Trial of A Teacher Training Concept. Paper presented at Ninth International congress On Child Abuse And Neglect, Chicago 1992.

Krivacska, J. J.: „Your first step in Preventing Abuse: Look Critically at Prepakkaged Programs", American School Board Journal, April 1989, S. 35–37.

Marquardt-Mau, B.: Sexueller Mißbrauch von Kindern als Thema für den

Sachunterricht, in: Lauterbach et al. (Hrg.): Brennpunkte des Sachunterrichts, Kiel (IPN), 1992. S. 177–195.
Milhoffer, P. / Maier, B. (Hrsg.): Sexualerziehung zwischen Elternhaus und Grundschule. Arbeitskreis Grundschule e.V., Frankfurt/M. 1988.
Saller, H.: Prävention von sexueller Ausbeutung von Kindern – Möglichkeiten und Grenzen, in: Die Frauenministerin des Landes Schleswig-Holstein/Kinderschutzzentrum Kiel (Hrsg.): Sexuelle Mißhandlung von Kindern. Dokumentation der Fachtagung 1989, S. 24–31. Kiel 1990.

Kinder- und Jugendbücher (Auswahl)

1. Kinderbücher

Boljahn, U. / Deinert, S. / Krieg, T.: Das Familienalbum, Oldenburg 1993.
Wachter, O.: Heimlich ist mir unheimlich, Zürich / Köln 1985.

Wenn Sie aufmerksam den Bestand an Kinderbüchern in einer Buchhandlung oder Bücherei anschauen, werden Sie selbst viele Bücher entdecken, die sich zwar nicht mit sexueller Kindesmißhandung beschäftigen, aber Aspekte dieses Problembereiches aufgreifen (wie Sexualaufklärung, Verständnis für eigene und fremde Gefühle, etc.):

Cole, B.: Prinz Pfifferling, Reinbek 1986.
Cole, B.: Prinzessin Pfiffigunde, Reinbek 1986.
Brandenberg, A.: Gefühle sind wie Farben, Weinheim / Basel 1989.
Fagerström, G. / Hansson, G.: Peter, Ida und Minimum, Ravensburg 1989.
Damjan, M. / Wilkon, J.: Der Clown sagte nein, Hamburg 1986.
Wilhelm, H.: Der kleine Riese, Hamburg 1992.

2. Jugendbücher

Fülscher, S.: Schattenmonster, Hamburg 1991.
Hedley, L. / Irwin, A.: Liebste Abby, Weinheim / Basel 1986.
Talbert, M.: Das Messer aus Papier (Sexuelle Mißhandlung von Jungen), Kevelaer 1989.

Adressen

Wer hilft bei (sexueller) Kindesmißhandlung?

Kinderschutz-Zentren bieten Hilfen an für Kinder, Jugendliche und ihre Familien bei sexueller, körperlicher und seelischer Kindesmißhandlung und bei Vernachlässigung. Das Angebot besteht aus Hilfen in Krisensituationen, Beratung und Therapie. Bei fachlichen Fragen bieten die Zentren Praxisberatung und Fortbildung an. In den Kinderschutz-Zentren können Sie entweder direkt Unterstützung bekommen oder Sie erhalten Auskunft über weitere Adressen in der Nähe Ihres Wohnortes.

Kinderschutz-Zentren in der Bundesrepublik Deutschland

Kinderschutz-Zentrum Berlin
Karl-Marx-Straße 262
12043 Berlin
Tel.: 030–68 43 064
Fax: 030–683 911–22

Kinderschutz-Zentrum Berlin
Strausberger Straße 5
13055 Berlin
Tel.: 030–97 64 794
Fax: 030–45 31 520

Kinderschutz-Zentrum Bremen
Vor dem Steintor 87
28203 Bremen
Tel. 0421–70 00 37

Kinderschutz-Zentrum Gütersloh
Schulstraße 26
33330 Gütersloh
Tel. 05241–14 999

Kinderschutz-Zentrum Hamburg
Emilienstr. 78
20259 Hamburg
Tel. 040–49 10 007

Kinderschutz-Zentrum Hannover
Am Holzgraben 3
30161 Hannover
Tel. 0511–34 10 24
Fax: 0511–34 10 44

Kinderschutz-Zentrum Heidelberg
Gaisbergstr. 53
69115 Heidelberg
Tel.: 06221–10 819

Kinderschutz-Zentrum Kiel
Zastrowstr. 12
24114 Kiel
Tel.: 0431–16 831
Fax: 0431–16 888

Kinderschutz-Zentrum Köln
Spichernstr. 55
50672 Köln
Tel.: 0221–52 00 86

Kinderschutz-Zentrum Lübeck
Meesenring 2
23566 Lübeck
Tel. 0451–67 755

Kinderschutz-Zentrum Mainz
Lessingstr. 25
55118 Mainz
Tel.: 06131–61 373
Fax: 06131–67 05 04

Kinderschutz-Zentrum München
Pettenkoferstr. 10a
80336 München
Tel.: 089–55 53 56

Kinderschutz-Zentrum Stuttgart
Furtbacher Str. 14
70178 Stuttgart
Tel. 0711–60 04 03

Initiative Kinderschutz-Zentrum Leipzig
Humboldtstr. 1
04105 Leipzig
Tel. 0341–28 64 50

Weitere Informationen erhalten Sie über:

Bundesarbeitsgemeinschaft der Kinderschutz-Zentren
Spichernstraße 55
50672 Köln
Tel.: 0221–52 93 01
Fax: 0221–52-96 78

Deutscher Kinderschutzbund – Bundesverband
Schiffgraben 29
30159 Hannover
Tel.: 0511–32 91 35
Fax: 0511–32 01 80

Kinderschutz-Zentren in Österreich

Kinderschutz-Zentrum Graz
Mandellstraße 18/2
A-8010 Graz
Tel.: 0316–83 19 41
Fax: 0316–83 19 41–6

Kinderschutz-Zentrum Tangram
Schöpfstraße 19
A-6020 Innsbruck
Tel.: 0512–58 37 57

Kinderschutz-Zentrum Linz
Goethestraße 25/IV
A-4020 Linz
Tel.: 0732–66 78 76
Fax: 0732–60 36 95–9

Kinderschutz-Zentrum Salzburg
Biebelstraße 50
A-5020 Salzburg
Tel. 0662–81 71

Kinderschutz-Zentrum Tandem
Eisenhowerstr. 20
A-4600 Wels
Tel. 072 42–67 1 63

Verein „Unabhängiges Kinderschutz-Zentrum Wien"
Kandlgasse 37
A-1070 Wien
Tel. 0222–526 18 20
Fax: 0222–526 18 20–9

Die Autorinnen und Autoren

Marianne DAHM, geb. 1949, Diplom-Pädagogin, Gestalttherapeutin und Ausbilderin für Gestalttherapie. Initiatorin Praxisforschungsprojekt Sexuelle Kindesmißhandlung in der Familie (1987–89). Langjährige Tätigkeit im Kinderschutz-Zentrum Kiel mit sexuell mißhandelten Kindern und ihren Familien, z.Zt. in freier Praxis tätig.

Klaus-Peter DAVID, geb. 1950, Diplom-Pädagoge, Familientherapeut. Seit vielen Jahren im Bereich des Kinderschutzes tätig. Im Vorstand der Bundesarbeitsgemeinschaft der Kinder- und Jugendtelefone. Ein Schwerpunkt seiner Arbeit liegt im Bereich der Arbeit mit jugendlichen und erwachsenen Mißhandlern. Mitarbeiter im Kinderschutz-Zentrum Kiel.

Erika ENGEL, geb. 1940, Juristin, Vizepräsidentin des Amtsgerichts Kiel. Als Vormundschaftsrichterin langjährige Erfahrung im Bereich der Vernachlässigung und der körperlichen und sexuellen Mißhandlung von Kindern.

Sebastian FAUST, geb. 1965, nach dem Abitur 1986 beschäftigt am Landestheater Detmold, 1988–91 Ausbildung am hamburgischen Schauspielstudio, seit 1991 Schauspieler an den Bühnen der Landeshauptstadt Kiel.

Matthias HEINSOHN-KRUG, geb. 1956, Diplom-Psychologe, Familientherapeut und Ausbilder für Familientherapie. Langjähriger Mitarbeiter der Abteilung Psychosomatik der Universitäts-

Kinderklinik Lübeck, seit 1990 Mitarbeiter und Sprecher des Kinderschutz-Zentrums Lübeck. Therapeutische Arbeit mit mißhandelten Kindern und ihren Familien sowie Aus- und Fortbildung im Bereich Kindesmißhandlung und Kindesvernachlässigung.

Irene JOHNS, geb. 1952, Diplom-Pädagogin, Transaktionsanalytikerin. Seit mehr als zehn Jahren im Bereich des Kinderschutzes tätig. Schwerpunkte: Beratung und Therapie mit mißhandelten und vernachlässigten Kindern und ihren Familien, Fortbildung und Praxisberatung. Mitglied im Vorstand der Bundesarbeitsgemeinschaft der Kinderschutz-Zentren. Stellvertretende Landesvorsitzende desDeutschen Kinderschutzbundes Landesverband Schleswig-Holstein. Seit 1990 Leiterin des Kinderschutz-Zentrums Kiel.

Margaret KENNEDY, National Deaf Children's Society. Koordinatorin eines landesweiten Projekts in England im Bereich Kindesmißhandlung und Kinder mit Behinderungen („Keep Deaf Children Safe" Child abuse Project) mit Sitz in London. Fortbildungs- und Vortragstätigkeit auf nationalen und internationalen Tagungen.

Bettina KIESLER, Dr. phil., geb. 1960, Diplom-Psychologin. Tätig in der Kinder- und Jugendpsychiatrie der Universitätsklinik Leipzig.

Anne KNAPPE, geb. 1963, Diplom-Psychologin. Arbeitet an der Universität Bamberg; Psychotherapeutin in freier Praxis. Im Rahmen ihres Forschungsprojektes „Prävention sexuellen Mißbrauchs an Mädchen und Jungen" entwickelte sie Konzeptionen für kombinierte Eltern- und Kinderveranstaltungen und führte Befragungen von Eltern und Kindern zur Thematik durch.

Francien LAMERS-WINKELMAN, geb. 1940, Orthopädagogin, Kindertherapeutin an einer medizinischen Tagesklinik und wissenschaftliche Tätigkeit in einem Forschungsprojekt an der Freien Universität Amsterdam zum Bereich der sexuellen Kindesmißhandlung. Verschiedene Veröffentlichungen in holländischer, englischer und deutscher Sprache.

Brundhilde MARQUARDT-MAU, geb. 1949, Diplom-Pädagogin, Erstes Staatsexamen für das Lehramt an Grund- und Hauptschulen. Seit 1973 wissenschaftliche Mitarbeiterin am Institut für die Pädagogik der Naturwissenschaften (IPN) in Kiel. Publikationen zur Umwelterziehung (z. B. Mitautorin eines Umweltlexikons, Rowohlt 1993), zum Sachunterricht in der Grundschule und zur „Dritte-Welt"-Pädagogik. Tätigkeit für das ZDF als Drehbuchautorin beim Umweltmagazin „Mittendrin". Seit 1991 Bearbeitung des Themas Prävention bei sexueller Kindesmißhandlung. Seit 1993 Beisitzerin im Vorstand der Gesellschaft für die Didaktik des Sachunterrichts.

Christa MARWEDEL, geb. 1927, Diplom-Pädagogin, klinische Transaktionsanalytikerin mit Lehrbefugnis der Internationalen Gesellschaft für Transaktionsanalyse. Arbeit in freier Praxis im Bereich Therapie sowie Aus- und Fortbildung. Veröffentlichung „Ich mag mein Kind, mein Kind mag mich" zum Zusammenleben mit Kindern (Herder/Spektrum Band 4015).

Ulrike MARWEDEL, geb. 1954, Lehrerin, langjährige Erfahrung in der Arbeit mit Eltern, z.Zt. Beratung in freier Praxis auf der Grundlage von Transaktionsanalyse, Supervision und Fortbildung. Veröffentlichung mit Christa Marwedel.

Claus NOWAK, Dr. phil., geb. 1949, Lehrer, Unterricht in Naturwissenschaften, Philosophie und Psychologie an Gymnasien und Gesamtschulen. Z. Zt. tätig in der Aus- und Fortbildung von Lehrern/-innen am Institut für Praxis und Theorie der Schule Schleswig-Holstein (IPTS). Daneben Leitung eines Modellversuchs zur Sexualpädagogik.

Michèle OLIVIER, geb. 1954, Erzieherin. Langjährige Arbeit als Leiterin eines Babysitterdienstes.

Christine PASSOW, geb. 1964, Schauspielerin.

Sigrid RICHTER-UNGER, geb. 1949, Diplom-Soziologin, Gestalttherapeutin, Mitbegründerin und Leiterin der Einrichtung „Kind im Zentrum“ in Berlin. Therapeutische Arbeit mit Familien, Gruppen- und Einzeltherapie mit Mißhandlern. Fachkongresse und Fortbildungen zum Thema der sexuellen Kindesmißhandlung. Verschiedene Veröffentlichungen.

Doris SCHARELL, geb. 1959, Frauenärztin in freier Praxis, Mitglied im Arbeitskreis Kinder- und Jugendgynäkologie auf Bundesebene.

Mit Kindern leben

Verena Kast
Loslassen und sich selber finden
Die Ablösung von den Kindern
Band 4002

Sich loslassen und sich als Erwachsene neu begegnen. Phasen und Chancen im Ablösungsprozeß von den Kindern.

Roswitha Defersdorf
Drück mich mal ganz fest
Geschichte und Therapie eines wahrnehmungsgestörten Kindes
Band 4041

Daniel – ein scheinbar ganz normales Kind. Und doch ist er nicht in der Lage, Sinneseindrücke zu ordnen. Eine betroffene Mutter erzählt vom Weg der Therapie.

Rudolf Dreikurs/Loren Grey
Kinder lernen aus den Folgen
Wie man sich Schimpfen und Strafen sparen kann
Band 4055

Ein Erziehungsstil, der Kindern frühzeitig dazu verhilft, eigenständige Erfahrungen zu sammeln und mit Freiheit richtig umzugehen.

Johann-Christoph Student
Im Himmel welken keine Blumen
Kinder begegnen dem Tod
Band 4071

Sensibel, ehrlich, tröstlich: „Antworten auf die brennenden Fragen aller Betroffenen" (Ja zum Kind).

Rüdiger Rogoll/Ulrike und Christa Marwedel
Ich mag mein Kind – mein Kind mag mich
Transaktionsanalyse für Eltern
Band 4095

Gelassenheit und Freude im Umgang mit Kindern: Erziehung kann zum Spiel werden in einem Team von Partnern. Eine verlockende Pädagogik.

HERDER / SPEKTRUM

Eva Rachor-Waldeck
Mama, sag bravo!
In der Familie offen miteinander umgehen
Band 4210

Friede, Freude, Eierkuchen – so sieht kein Familienalltag aus. Dennoch gibt es Wege, das Zusammenleben von Kindern und Eltern harmonisch zu gestalten.

Ingeborg Becker-Textor
Unser Kind soll in den Kindergarten
Ein neuer Schritt für Eltern und Kinder
Band 4219

Kindergarten – ein neuer Lebensabschnitt. Hoffnungen, Erwartungen, Ängste. Praktische Tips für das Miteinander von Eltern, Kindern und ErzieherInnen.

Rudolf Kaiser
Indianische Kinder- und Wiegenlieder
Band 4220

Texte aus allen indianischen Völkern und Stämmen, die unsere Wahrnehmung der Wirklichkeit eines Kindes zu schärfen vermögen. Mit zahlreichen schmückenden Vignetten.

Judith S. Kestenberg/Janet Kestenberg Amighi
Kinder zeigen, was sie brauchen
Wie Eltern kindliche Signale richtig deuten
Band 4222

Darauf können Sie vertrauen: Ihr Baby weiß selbst am besten, was es braucht. Hilfreiche Hinweise für gestreßte und schlaflose Eltern.

Thilo Kroll/Franz Petermann
Was kranke Kinder brauchen
Hilfen für den Alltag mit chronisch kranken Kindern
Band 4239

Ein Ratgeber vom ersten Arztbesuch bis zur Entlassung aus dem Krankenhaus – und für die Zeit danach, wenn der Alltag ungewohnte Anforderungen stellt.